Tableaux pour la Taxe

DES FRAIS ET DEPENS

En matière

CIVILE ET CORRECTIONNELLE.

TABLEAUX

Pour Régler et Faciliter la

TAXE DES FRAIS ET DEPENS

EN MATIÈRE

CIVILE ET CORRECTIONNELLE,

Devant les Tribunaux de 1re instance des villes qui ne sont pas le siége d'une Cour d'appel ou dont la population n'est pas de trente mille âmes.

CHALON-SUR-SAONE,

TYPOGRAPHIE DE MONTALAN, RUE FRUCTIDOR, 7 ET 9.

1850.

DÉTAILS.	ARTICLES DU TARIF.	DÉSIGNATION DES ACTES.	Déboursés.	Émoluments.	OBSERVATIONS.
		CHAPITRE PREMIER. — **MATIÈRES SOMMAIRES.** *numéros d'ordre.*			
Papier 0.70 Enregistrement 1.10 Original 1.25 Copie 0.32 —— 3.37	21	1. Citation au bureau de paix.	3.37		Pour le transport, qui ne pourra être alloué qu'autant qu'il y aura plus d'un demi-myriamètre de distance entre la demeure de l'huissier et le lieu où l'exploit devra être posé; aller et retour, par myriamètre 2 fr. (Art. 22 cod. procéd. civ.)
Procès-verbal 1.00 Papier minute 0.35 id. expédition 1.25 Enregistrement 1.10 —— 3.70	10	2. Procès - verbal de non conciliation, (54. c. p.)	3.70		
Papier 0.70 Enregistrement 2.20 Original 1.50 Copie 0.38 —— 4.78	27	3. Exploit d'ajournement.	4.78		Il est alloué, au delà d'un demi-myriamètre, pour frais de voyage, jusqu'à un myriamètre 4 f., au delà, 2 f. par chaque demi-myriamètre. (66. cod. procéd. civ.)
PAR CHAQUE RÔLE. Pour l'huissier 0.20 Pour l'avoué 0.25	28	4. Copie du procès-verbal de non conciliation et des titres, en tête de la demande. (65. c. p.)			De vingt lignes à la page et de dix syllabes à la ligne pour les huissiers. (22 tarif). De 25 lignes à la page et de 12 syllabes à la ligne, pour l'avoué (92 tarif). voyez. page 151.
	66	5. *Visa* apposé sur les exploits d'ajournement et autres.			Par chaque *visa* 75 centimes, et si l'huissier est obligé, dans le cas d'absence, ou de refus de celui qui doit donner le *visa*, de le faire mettre soit par le juge de paix, soit par le ministère public, le droit est double. (66 c. p.)
Papier 0.35 Enregistrement 3.30 —— 3.65	77	6. Requête pour assigner à bref délai, lorsqu'il y aura lieu.	3.65	2.25	
	28	7. Copie de la requête et de l'ordonnance.			Par rôle évalué (28 c. proc.)
Papier 0.70 Enregistrement 0.55 Huissier 0.25 —— 1.50	70	8. Acte de constitution d'avoué.	1.50		
		9. Droit de mise au rôle jusqu'à 1000 fr.	1.65		
		Au-dessus de 1000 f. et indéfiniment.	3.30		
		10. Conclusions et placet.		1.50	
	152	11. Appel de cause dû à l'huissier audiencier.	0.25		
	67	12. Pour l'obtention d'un jugement par défaut; jusqu'à 1000 fr. inclusivement.		5.62	Le droit est dû pour un jugement de défaut joint. arr. cass. du 23 juin 1847. Dalloz 47. 1. 198.
		Au-dessus de 1000 fr. jusqu'à 5000 fr.		7.50	
		Au-dessus de 5000 fr.		11.25	
		13. Coût du jugement.			
Papier 0.70 Enregistrement 0.55 A l'huissier 0.25 —— 1.50		14. Signification du jugement à avoué.	1.50		Point de droit pour la copie.
		15. Opposition au jugement par défaut.	1.50		

DÉTAILS.	ARTICLES DU TARIF.		DÉSIGNATION DES ACTES.	Déboursés.	Émoluments.	OBSERVATIONS.
		16.	Avenir.	1.50		
	152	17.	Appel de cause à l'huissier.	0.25		
	67	18.	Pour l'obtention d'un jugement contradictoire ou définitif.			Si la valeur de l'objet de la contestation est indéterminée, le juge alloue l'une des sommes indiquées.
			Jusqu'à 1000 fr.		11.25	
			Au-dessus de 1000 fr. jusqu'à 5000 fr.		15. »	
			Au-dessus de 5000 fr.		22.50	
	67	19.	Qualités du jugement contradictoire ou définitif, et signification d'icelles à avoué, le quart du droit accordé pour l'obtention du jugement, en suivant les proportions ci-dessus.	1.50		Point de droits pour les copies.
		20.	Sommation sur opposition aux qualités.	1.50		
Papier Enregistrement 0.55 A l'huissier. 0.25	67	21.	Signification du jugement à avoué.			Point de droit pour la copie.
Papier 0.70 Original 1.50 Enregistrement 2.20 Copie 0.38 ——— 4.78 Copie par rôle 0.25	89	22.	Signification du jugement à domicile.			
	67	23.	Obtention d'un jugement ordonnant une enquête ou une visite et estimation d'experts.			Demi-droit d'un jugement contradictoire suivant les proportions établies au n° 17 ci-dessus.
	67	24.	Obtention du jugement contradictoire intervenu sur l'enquête ou le rapport d'experts.			Les mêmes droits que ceux portés en l'art. 17 ci-dessus.
Papier Enregistrement 0.55 A l'huissier 0.25 Copie pour chaque rôle d'expédition 0.12	67	25.	Copie des procès-verbaux d'enquête et d'expertise, et signification d'icelui par acte d'avoué à avoué.			
	67	26.	Vacation de l'avoué de la partie à la requête de laquelle aura été subi l'interrogatoire sur faits et articles.			Demi-droit de ceux accordés au n° 17 ci-dessus.
Papier Enregistrement 0.55 Huissier 0.25 Copie pour chaque rôle 0.12	67	27.	Copie du procès-verbal d'interrogatoire et signification d'icelui d'avoué à avoué.			
	82	28.	Honoraires de l'avocat qui aura pris le jugement par défaut.		4. »	Le décret du 8 juillet 1812 et l'ordonnance du 27 février 1822, étant postérieurs au tarif et exigeant impérieusement le ministère des avocats, même en matière sommaire, il est juste de porter leurs honoraires en taxe.
	80	29.	Honoraires de l'avocat qui aura plaidé la cause contradictoirement.		10. »	S'il y a plus de deux parties en cause, et si elles ont des intérêts contraires, il sera alloué un quart en sus des droits ci-dessus, à l'avoué qui *aura suivi contre chacune des autres parties.* Il sera alloué une feuille de papier à 70 c. par chaque 10 rôles d'expéditions, de jugement et autres actes du greffe.

DÉTAILS.		ARTICLES DU TARIF.		DÉSIGNATION DES ACTES.	Déboursés.	Émoluments	OBSERVATIONS.
Papier Enregistrement Huissier ——— 1.50	0.70 0.55 0.25	75	30.	Requête contenant demande incidente ou intervention, signifiée d'avoué à avoué, et ne contenant que des conclusions motivées. (406 c. p.)	1.50		
			31.	Le montant des frais du port de pièces et de lettres sera alloué après qu'il en aura été justifié, et comme faisant partie des déboursés.			Lorsque, par un jugement, une affirmation, un serment, ou la comparution des parties, sont ordonnées etc. Il est dû, à l'avoué, la moitié du droit accordé pour l'obtention d'un jugement contradictoire, de même que pour l'obtention des jugements ordonnant une enquête ou une visite.

CHAPITRE II.

—

MATIÈRES ORDINAIRES.

DÉTAILS.		ARTICLES DU TARIF.		DÉSIGNATION DES ACTES.	Déboursés.	Émoluments	OBSERVATIONS.
Copie des titres et pièces en tête de la demande, par chaque rôle, Pour les huissiers, 0.20 Pour les avoués, 0.25 (Art. 22, 28, 72, 89 du tarif.)			32.	Pour la citation au bureau de paix, le procès-verbal de non conciliation, la mention de non comparution, la requête pour assigner à bref délai, s'il y a lieu, l'exploit d'ajournement, le transport de l'huissier, les copies de pièces et visa des exploits (*voir* les nᵒˢ 1 et suivans aux *matières sommaires*.)			
		68	33.	Droit de consultation.		7.50	
Papier Enregistrement Huissier ——— 1.50 Original 0.75 Copie 0.19 ——— 0.94	0.70 0.80	70	34.	Acte de constitution d'avoué.	1.50	0.95	
			35.	Placet contenant les conclusions de la partie qui suit l'audience.		1.50	Un rôle.
		81	36.	Assistance de l'avoué à l'effet de demander acte de sa constitution à l'audience, dans le cas d'abréviation des délais.		1. »	
			37.	Conclusions jointes au placet par le défendeur.		1.50	Un rôle.
			38.	Droit de mise au rôle.	3.30		
		90	39.	Vacation à la mise au rôle par l'avoué qui suit l'audience		1.15	

DÉTAILS.	ARTICLES DU TARIF.	DÉSIGNATION DES ACTES.	Déboursés.	Émoluments.	OBSERVATIONS.
	152	40. Appel de cause pour l'huissier.	0.25		
	83	41. Vacation, pour chaque avoué, à l'appel de la cause, au rôle général.		2.25	Moyennant ce droit il n'est passé aucun autre émolument pour les remises de cause ou autres renvois d'une audience à une autre.
Papier 0.70 Enregistrement 0.80 Huissier _____ 1.50 Original 0.75 Copie 0.19 _____ 0.94	70	42. Avenir.		0.95	Un seul par jugement.
	82	43. Assistance à la fixation de la cause, pour être plaidée et dépôt des conclusions, par chaque avoué.		2.25	
	90	44. Vacation pour communiquer les pièces au ministère public, quand il y a lieu, et les retirer.		1.15	
	91	45. Vacation des avoués de la cause pour donner ou prendre communication des pièces de l'affaire, à l'amiable, sur récépissé, ou par la voie du greffe.		2.25	
	82	46. Plaidoirie au Jugement par défaut.			
		Si le jugement a été pris par un avocat.	4. »		
		S'il a été pris par l'avoué.		2.45	
	82	47. Assistance de l'avoué, lorsqu'il est pris par un avocat.		0.75	
Papier 0.35	87	48. Qualités du jugement par défaut.	0.35	2.80	Compter le papier s'il en a été employé plus d'une demi-feuille.
		49. Coût du jugement.			
Papier Enregistrement 0.80 A l'huissier Copie par rôle d'expédition 0.25	89	50. Signification du jugement à avoué.			Il n'est passé aucun droit pour l'acte en offre.
Papier 0.70 Enregistrement 0.80 A l'huissier _____ 1.50 Original 1.50 Copie 0.39 _____ 1.88	75	51. Requête d'opposition, au jugement par défaut (laquelle ne peut contenir qu'un rôle, *si les moyens ont été fournis avant le jugement par défaut.*) (art 160 c. p.)	1.50	1.88	Si les moyens n'ont pas été fournis, les émoluments se règlent par rôles, de 25 lignes à la page et de 12 syllabes à la ligne.
	90	52. Vacation pour faire mention, sur le registre tenu au greffe, de l'opposition au jugement par défaut, quand il y a dans le jugement des dispositions qui doivent être exécutées par des tiers.		1.15	

DÉTAILS.	ARTICLES DU TARIF.	DÉSIGNATION DES ACTES.	Déboursés.	Émoluments	OBSERVATIONS.
Papier Enregistrement } Huissier. 0.80 Grosse 1.30 Copie le quart 38	72	53. Original ou grosse de requête servant de défenses et de réponse aux défenses, contenant 25 lignes à la page et 12 syllabes à la ligne.			Le papier doit être calculé pour l'original à raison de 70 centimes pour deux rôles, et pour la copie à raison d'une feuille pour 10 rôles de la grosse.
	72	54. Copie de pièces signifiées avec les défenses			25 centimes par rôle. Plus le papier à raison de 10 c. voy. page , sur la manière de calculer les rôles de copie de pièces.
	70	55. Avenir.	1.50	».95	
	84	56. Assistance à la fixation de la cause.		2.25	
	90	57. Vacation à communiquer au ministère public, quand il y a lieu.		1.15	
	152	58. Appel de cause à l'huissier.	0.25		
	80	59. Honoraires de l'avocat qui aura plaidé contradictoirement.		10.»	
	86	60. Assistance à l'avoué, à chaque journée de plaidoiries qui précèdent les jugements contradictoires, savoir : Quand les causes sont plaidées par les parties elles-mêmes ou par des avocats : Et quand les avoués plaident eux-mêmes :		2.25 6.»	L'assistance est due à l'avoué pour les audiences où sont données les conclusions du ministère public, et où le jugement est prononcé.
	87	61. Original des qualités du jugement contradictoire, sur plaidoirie ou délibéré.		5.50	Plus le papier.
	88	62. Chaque copie des qualités signifiées dans le cas seulement où le jugement est contradictoire		1.38	Un quart du dressé des qualités. Plus le papier, le droit des huissiers et l'enregistrement.
		63. Le coût du jugement.			
Papier Enregistrement A l'huissier } 0.80 Copie par rôle 0.25	89	64. La signification du jugement à avoué.			
Papier Enregistrement 2.20 Original 1.50 Copie 0.38 Copie par rôle 0.25		65. Signification du jugement à domicile.			
	90	66. Vacation à l'avoué pour former opposition à des qualités. (art. 144 c. p.)		1.15	Le droit ne sera passé qu'autant que le président aura ordonné une réformation. (90, § 8, tarif.)
Original 0.75 Copie 0.19 0.94	70	67. Sommation d'avoué à avoué pour être réglé sur cette opposition.	1.50	».95	
	90	68. Vacation pour faire régler les qualités du jugement.		1.15	
	145	69. Frais de port de pièces et de correspon-			

DÉTAILS.	ARTICLES DU TARIF.		DÉSIGNATION DES ACTES.	Déboursés.	Émoluments.	OBSERVATIONS.
			dance, quand les parties sont domiciliées hors de l'arrondissement du tribunal.			
			Par chaque jugement définitif.		7.50	
			Et par chaque interlocutoire.		3.75	
	146	70.	Frais de voyage, séjour et retour, lorsque les parties font un voyage et qu'elles se présentent au greffe assistées de leur avoué pour y affirmer que le voyage a été fait dans la seule vue de leur procès.			
			Par chaque myriamètre de distance entre leur domicile et le tribunal où le procès est pendant	3. »		
	146	71.	Vacation à l'avoué au greffe à ladite affirmation		1.15	
Enregistrement 4.57 Remise 0.13 Timbre 0.30 _______ 5.00		72.	Coût de l'acte de l'affirmation.	5. »		
	90	73.	Vacation pour donner certificat contenant la date de la signification au domicile de la partie condamnée, du jugement qui prononce une main-levée, ou une radiation, un paiement, ou autre chose à faire par un tiers ou contre lui. (548 c. p.)		1.15	
	90	74.	Vacation pour requérir du greffier le certificat qu'il n'existe ni apposition, ni appel porté sur le registre du greffe. (548 c. p.)		1.15	
Enregistrement 2.85 Timbre 0.35 Remise et rep.ᵗ 0.25 Législation 0.25 _______ 3.20		75.	Certificat du greffier.	3.20		
		76.	Par chaque article entrant en taxe des dépens adjugés en matière ordinaire.		».10	

CHAPITRE III.

Correspondant au titre 6 du livre II,
1ʳᵉ partie.

DÉLIBÉRÉ.

| | 90 | 77. | Vacation de l'avoué pour produire les | | | |

DÉTAILS.		ARTICLES DU TARIF.		DÉSIGNATION DES ACTES.	Déboursés.	Émoluments.	OBSERVATIONS.
				pièces sur le délibéré ordonné. (art. 94, c. p.)		1.15	
Papier	0.35	76	78.	Requête afin de faire nommer un autre rapporteur sur délibéré, en cas de décès ou autre cause. (art. 110, c. p.)	3.65	1.50	La vacation pour demander l'ordonnance du président et se la faire délivrer est comprise dans la taxe.
Enregistrement	3.30						
	3.65						
Papier	0.70	70	79.	Acte de signification de l'ordonnance, portant nomination d'un autre rapporteur. (art. id.)	1.40	0.95	
Signification	0.25						
Enregistrement	0.55						
	1.50						
Original	0.75						
Copie	0.19						
	0.94						
		90	80.	Vacation à produire les pièces entre les mains du nouveau rapporteur.		1.15	
		90	81.	Vacation à communiquer les pièces au Ministère public, lorsque la cause est de communication. (art. 112 c. p.)		1.15	
		85	82.	Assistance de l'avoué au jugement sur délibéré, y compris les notes qu'il pourra fournir. (art. 113, c. p.)		4. »	
Papier	0.70	70	83.	Sommation d'avoué à avoué d'être présent au retrait des pièces après jugement sur délibéré. (art. 115, c. p.)	1.50	0.95	Résultat de l'art. 115 du code indiqué par le tarif.
Signification	0.25						
Enregistrement	0.55						
	1.50						
Original	0.75						
Copie	0.19						
	0.94						
Papier	0.25	87	84.	Qualités du jugement contradictoire sur délibéré y compris la copie. (art. 142, c. p.)		6.88	Compter le papier d'après le nombre des rôles et des copies, s'il y en a plusieurs, et taxer le quart de l'original pour chaque copie.
Signification	0.25						
Enregistrement	0.55						
Original	5.50						
Copie le quart	1.38						
	6.88						
			85.	Coût du jugement et signification à avoué, etc., comme aux *matières ordinaires.*			

Instruction par écrit.

DÉTAILS.		ARTICLES DU TARIF.		DÉSIGNATION DES ACTES.	Déboursés.	Émoluments.	OBSERVATIONS.
Papier		73	86.	Requête en instruction par écrit, terminée par l'état des pièces, à raison de 1 fr. 50 c. par rôle et de 38 c. la copie. (96 c. p.)			
Huissier	0.25						
Enregistrement	0.55						
Original par rôle	1.50						
Copie le quart	0.38						
	1.88						

DÉTAILS.		ARTICLES DU TARIF.	DÉSIGNATION DES ACTES.	Déboursés.	Émoluments.	OBSERVATIONS.
Papier Huissier Enregistrement	0.70 0.25 0.55 1.50	70	87. Acte de déclaration de production par le demandeur en instruction par écrit, contenant le nombre de rôles dont la requête est composée. (96 et 104 c. p.)	1.50	0.95	Les grosses et copies, et même l'acte de produit doivent faire mention du nombre des rôles et de la requête, à peine de rejet de la taxe. (104 cod. civ. et 70 tarif.)
Original Copie le quart	0.75 0.19 0.94					
		91	88. Vacation de l'avoué du demandeur à mettre la production au greffe. (96 c. p.)		2.25	
		91	89. Vacation de l'avoué du défendeur à prendre communication de la production du demandeur. (97, c. p.)		2.25	
		73	90. Requête en réponse, avec état des pièces au soutien, à raison de 1 fr. 50 par rôle, et de 38 c. pour la copie. (art. 97, *vide suprà* n° 86.)			
		70	91. Acte de déclaration de production au greffe par le défendeur. (art. 97, *vide suprà* n° 87.)	1.50	0.95	
		91	92. Vacation de l'avoué du défendeur à mettre la production au greffe. (97 c. p.)		2.25	
		91	93. Vacation du demandeur à prendre communication. (98 c. p.)		2.25	
Papier Huissier Enregistrement	0.25 0.55	71	94. Acte de production nouvelle contenant l'état des pièces. (102 c. p.)		4.70	
Original Copie le quart	3.75 0.94 4.69					
		90	95. Vacation de l'avoué du demandeur à la mettre au greffe. (102 c. p.)		1.15	
		90	96. Vacation de l'avoué du défendeur à prendre en communication la production nouvelle. (103 c. p.)		1.15	
		73	97. Requête en réponse aux productions de nouvelles pièces, qui ne peut excéder six rôles. (art. 103. *vide suprà* n° 86.)			
		90	98. Certificat du greffier à l'effet de constater que l'avoué n'a pas rétabli au greffe les productions par lui prises en communication, dans les délais de la loi. (107 c. p.)			
		90	99. Vacation à prendre ce certificat. (107 c p)		1.15	

DÉTAILS.		ARTICLES DU TARIF.	DÉSIGNATION DES ACTES.	Déboursés.	Émoluments	OBSERVATIONS.
			Le surplus de la procédure, sus l'incident, comme en matière ordinaire.			
Papier Enregistrement	0.35 3.30 ___ 3.65	76	100. Requête à l'effet de faire nommer un autre rapporteur. (110 c. p.)	3.65	1.60	
Papier Huissier Enregistrement	0.70 0.25 0.55 ___ 1.50	70	101. Signification de l'ordonnance par acte d'avoué à avoué. (110 c. p.)	1.50	».95	
Original Copie le quart	0.75 0.19 ___ 0.94					
		90	102. Vacation à requérir le greffier à remettre les pièces au rapporteur. (109 c. p.)		1.15	
		85	103. Assistance des avoués au jugement, y compris les notes qu'ils pourront fournir. (113 c. p.)		4. »	
		70	104. Sommation d'être présent au retrait des pièces. (115 c. p.)	1.50	0.95	
		91	105. Vacation au retrait des pièces. (115 c. p.)		2.25	
Papier Huissier Enregistrement	 0.25 0.55	87	106. Qualités du jugement définitif.		9.38	
Original Copie le quart	7.50 1.88 ___ 9.38					
			107. Coût du jugement. *Le surplus de la procédure comme aux matières ordinaires.*			

CHAPITRE IV.

Correspondant au titre 9 du livre II,
1re partie.

DES EXCEPTIONS.

DÉTAILS.		ARTICLES DU TARIF.	DÉSIGNATION DES ACTES.	Déboursés.	Émoluments	OBSERVATIONS.
Papier de la grosse De la minute Huissier Enregistrement	0.70 0.35 0.25 0.55 ___ 1.85	75	108. Grosse de la requête qui ne peut excéder deux rôles, tendant à ce que l'étranger demandeur soit tenu de fournir caution. (166 c. p.)	1.85	3.75	
Original Deux rôles	3.00 0.75 ___ 3.75					

DÉTAILS.	ARTICLES DU TARIF.	DÉSIGNATION DES ACTES.	Déboursés.	Émoluments.	OBSERVATIONS.
	75	109. *Idem* de celle en réponse qui ne peut excéder deux rôles.	1.85	3.75	
Papier de la grosse 2.10 De la minute 0.70 Huissier 0.25 Enregistrement 0.55 —— 3.60 Original 9.00 Copie 2.25 —— 11.25	75	110. Grosse de la requête pour proposer un déclinatoire qui ne peut excéder six rôles. (168 c. p.)	3.60	11.25	
	75	111. *Idem* de celle en réponse qui ne peut excéder six rôles.	3.60	11.25	
	75	112. Grosse de la requête en nullité qui ne peut excéder six rôles. (173 c. p.)	3.60	11.25	
	75	113. Grosse de la réponse.	3.60	11.25	
	75	114. Grosse de la requête pour demander délai pour délibérer et faire inventaire, laquelle ne peut excéder six rôles. (174 c. p.)	3.60	11.25	
	75	115. Grosse de celle en réponse, *idem.*	3.60	11.25	
	70	116. Acte de déclaration au demandeur originaire, de la part du défendeur, qu'il a formé une demande en garantie. (179 c. p.)	1.50	».95	
	70	117. Acte de dénonciation ou demandeur originaire, de la demande en garantie. (179 c. p.)	1.50	».95	
Par chaq. rôle évalué ».25	72	118. Copie de la demande.			
	75	119. Grosse de la requête pour soutenir qu'il n'y a lieu d'appeler garant, qui ne peut excéder six rôles. (180 c. p.)	3.60	11.25	
	75	120. Grosse de la requête en réponse, *idem.*	3.60	11.25	
	70	121. Sommation afin d'obtenir communication des titres et pièces signifiées ou employées dans la cause. (188 c. p.)	1.50	».95	
Enregistrement 4.57 Remise 0.13 Timbre 0.30 —— 5.00		122. Acte du greffe en cas de dépôt des pièces. (189 c. p.)	5. »		
Papier 0.35 Enregistrement 3.30 —— 3.65	76	123. Requête présentée au tribunal et qui ne peut être grossoyée, pour contraindre l'avoué à remettre les pièces communiquées. (191 c. p.)	3.65	1.50	

DÉTAILS.	ARTICLES DU TARIF.	DÉSIGNATION DES ACTES.	Déboursés	Émoluments	OBSERVATIONS.
		124. Signification de la requête et de l'ordonnance par acte d'avoué à avoué.	1.50	0.95	
Par rôle évalué 0.25		125. Copie de la requête et de l'ordonnance.			
Papier de la grosse et de minute 1.05 Enregistrement 0.80 ——— 1.85	75	126. Requête d'opposition à l'ordonnance portant contrainte de remettre les pièces, laquelle ne peut excéder deux			
Original 3.00 Copie 0.75 ——— 3.75		rôles. (192 c. p.)	1.85	3.75	
	75	127. Requête en réponse *idem*.	1.85	3.75	

CHAPITRE V.

Correspondant au titre 10 du livre II,
1re partie.

—

DE LA VÉRIFICATION D'ÉCRITURES.

—

DÉTAILS.	ARTICLES DU TARIF.	DÉSIGNATION DES ACTES.	Déboursés	Émoluments	OBSERVATIONS.
	92	128. Vacation pour déposer au greffe une pièce dont l'écriture est déniée, et assistance au procès-verbal dressé par le greffier de l'état de la pièce. (196 c. p.)		4.50	
		129. Coût du procès-verbal.			
	70	130. Signification à avoué de l'acte de dépôt. Plus copie de pièces à 25 c. le rôle de grosse ou évalué.	1.50	0.95	
	92	131 Vacation pour prenere communication et assistance au procès-verbal du greffier. (198 c. p.)		4.50	
		132. Procès-verbal dressé par le greffier de cette communication. (198 c. p.)			
Papier 0.35 Enregistrement 3.30 ——— 3.65	76	133. Requête pour obtenir l'ordonnance du juge-commissaire, à l'effet de sommer la partie adverse de comparaître, pour convenir de pièces de comparaison. (199 c. p.)	3.65	1.50	
	70	134. Sommation à la requête de la partie la plus diligente pour se trouver devant			

DÉTAILS.		ARTICLES DU TARIF.	DÉSIGNATION DES ACTES.	Déboursés.	Émoluments.	OBSERVATIONS.
			le juge et convenir des pièces de comparaison. (199 c. p.)	1.50	0.95	
Par rôle évalué	0.25	72	135. Copie de la requête et de l'ordonnance.			
			Si le demandeur ou le défendeur en vérification ne comparait pas pour faire ordonner le rejet ou la reconnaissance de la pièce, l'instance est suivie ainsi qu'il est dit en l'article 199 et donne lieu aux droits réglés en matière ordinaire ou sommaire, suivant la nature de l'affaire.			
		92	136. Vacation de chaque avoué pour convenir des pièces de comparaison:(199 c. p.) Par vacation de 3 heures.		4.50	
Papier 0.35 Enregistrement 3.30 ——— 3.65		76	137. Requête afin d'obtenir du commissaire, ordonnance pour que les experts prêtent serment, et que le dépositaire représente les pièces. (204 c. p.)	3.65	1.50	
Original 1.50 Copie 0.38 Enregistrement 2.20 Papier 0.70 ——— 4.78		29	138. Sommation aux experts pour prêter serment. Pour un seul expert.	4.78		Autant de droits de copie et de timbre qu'il y a d'experts sommés.
		29	139. Semmation au dépositaire pour représenter les pièces de comparaison.	4.78		
		70	140. Sommation à la partie d'être présente. 204 c. p.	1.50	0.95	
Par rôle évalué	0.25	72	141. Plus copie de l'ordonnance et de la requête.			
			Si la vérification devait se faire sur les lieux où seraient les pièces de comparaison, ou au lieu le plus proche, il y aurait lieu à un incident dont les frais seraient taxés en matière ordinaire ou sommaire suivant la nature de l'affaire. (202 c. p.)			
		166	142. Vacation des dépositaires qui doivent représenter les pièces de comparaison. Par chaque vacation de trois heures.			
			Aux greffiers des cours.	12. »		
			A ceux des tribunaux.	10. »		
			Aux notaires.	6.75		
			Aux avoués des cours d'appel.	8. »		
			A ceux des tribunaux.	6. »		
			Aux huissiers.	4. »		
			A tous autres s'ils le requièrent,	6. »		

DÉTAILS.	ARTICLES DU TARIF.	DÉSIGNATION DES ACTES.	Déboursés.	Émoluments.	OBSERVATIONS.
	92	143. Vacation au serment des experts et à la représentation des pièces de comparaison : Par vacation de 3 heures. (207 c. p.)		4.50	
	70	144. Sommation au défendeur pour être présent à la confection d'un corps d'écriture. (206 c. p.)	1.50	0.95	
	92	145. Vacation à la confection d'un corps d'écriture (206 c. p.)		4.50	
	163 et 164	146. Vacation de chaque expert, sans qu'il leur en soit alloué pour la prestation de serment et le dépôt du rapport. Par vacation de 3 heures.	6 »		
	165	*Si l'expert est domicilié à plus de deux myriamètres du lieu où se fait la vérification, il lui sera alloué, à raison de cinq myriamètres par jour, frais de transport et nourriture compris.* *S'il y a récusation d'experts.* vid. *le titre du rapport d'experts.* *S'il y a récusation du juge commissaire,* vid. *Récusation du juge.* *S'il est ordonné une enquête.* vid. *le titre des enquêtes.* *Avenir à l'audience, et autres droits et actes, taxés en matière ordinaire ou sommaire suivant la nature de l'affaire.*	24. »		

CHAPITRE VI.

Correspondant au titre 2 du livre II,
1re partie.

—

FAUX INCIDENT CIVIL.

—

DÉTAILS.	ARTICLES DU TARIF.	DÉSIGNATION DES ACTES.	Déboursés.	Émoluments.	OBSERVATIONS.
Papier 0.70 Enregistrement 0.55 Huissier 0.25 ——— 1.50 Original 3.75 Copie le quart 0.94 ——— 4.69	71	147. Sommation par acte d'avoué de déclarer si l'on veut ou non se servir d'une pièce contre laquelle on veut s'inscrire en faux. (215 c. p.)	1.50	4.69	
	71	148. Acte déclaratif qu'on entend ou non se servir de la pièce. (216 c. p.)	1.50	4.69	

DÉTAILS.	ARTICLES DU TARIF	DÉSIGNATION DES ACTES.	Déboursés.	Émoluments	OBSERVATIONS.
	71	149. Dans le cas où le défendeur ne répondrait pas, ou s'il déclare ne pas vouloir se servir de la pièce, acte de conclusions pour la faire rejeter du procès. (217 c. p.)	1.50	4.69	Non compris au tarif; on a suivi l'art. 71 et non l'art. 70, parce que l'acte doit être libellé. (Opinion des auteurs.)
		Les autres actes jusqu'à la signification du jugement, (vide suprà au titre des matières ordinaires ou sommaires, suivant les cas.)			
	92	150. Vacation de l'avoué du demandeur à l'inscription de faux. (218 c. p.)		4.50	
		151. Acte au greffe contenant inscription de faux.			
	71	152. Acte contenant les conclusions et les moyens de la demande pour faire admettre l'inscription de faux. (218 c. p.)	1.50	4.69	Vid. l'observation au n° 149.
	71	153. Acte en réponse.	1.50	4.69	Idem.
		Les autres actes, jusqu'à signification du jugement, sont taxés en matière ordinaire ou sommaire suivant l'espèce.			
		154. Acte du dépôt au greffe de la pièce arguée de faux. (219 c. p.)			Ce qu'il coûtera.
	91	155. Vacation de l'avoué au dépôt de la pièce.		2.25	
	70	156. Signification à l'avoué du demandeur de l'acte de dépôt de la pièce arguée.	1.50	».95	
	72	Plus copie de l'acte à raison de 25 c. par rôle de grosse.			
Papier 0.70 Enregistrement 0.55 Huissier 0.25 ――― 1.50 ――― Original 3.75 Copie le quart 0.94 ――― 4.69	71	157. Acte contenant les moyens et conclusions de la demande incidente, pour faire rejeter la pièce si elle n'est pas déposée, ou se faire autoriser à faire déposer la pièce. (220 c. p.) Acte en réponse, *idem.* *Les autres droits et actes jusqu'à la signification du jugement taxés suivant la matière.*	1.50	4.69	Voy. les observations à l'art. 149.
Enregistrement et papier 3.65	76	158. Requête au juge pour obtenir son ordonnance à l'effet de faire apporter au greffe la minute de la pièce arguée. (221 c. p.) *Il résulte des articles 223 et 224 que l'apport de la minute peut être ordonné*	3.65	1.50	Il est dû une vacation de 4.50 à l'avoué pour requérir l'ordonnance. (Art. 92 du tarif.)

DÉTAILS.	ARTICLES DU TARIF.	DÉSIGNATION DES ACTES.	Déboursés	Émoluments	OBSERVATIONS.
		par jugement, dans ce cas les frais sont réglés comme pour les autres incidents. Il en sera de même pour le cas où, suivant l'art. 222, le tribunal ordonnerait qu'il sera procédé à la continuation de la poursuite du faux, sans attendre l'apport de la minute.			
	70	159. Signification des requête et ordonnance ou du jugement qui a ordonné l'apport de la minute, par acte d'avoué.	1.50	».95	
		Plus la copie des pièces à 25 cent. le rôle évalué. (224 c. p.)			
Original 1.50 Copie 0.38 Enregistrement 2.20 Papier 0.70 —— 4.78	29	160. Dénonciation faite par le défendeur, à celui qui doit apporter la minute au greffe, de l'ordonnance ou du jugement qui ordonne cet apport, avec sommation d'y satisfaire.	4.78		
		Plus le droit de copie. *Le demandeur aura droit à la même taxe si c'est lui qui poursuit la remise de la pièce.* (223 et 224.)			
		161. Expédition de l'acte de remise au greffe de la minute de la pièce arguée. (225 c. p)			
	70	162. Signification de l'acte de remise, avec sommation d'être présent au procès-verbal de l'état de la pièce qui doit être dressé dans les trois jours, par acte d'avoué.	1,50	».95	
		Plus le droit de copie. (225 c. p.)			
		163. Procès-verbal par le greffier de l'état de la pièce. (225 et 226 c. p.)			
	92	164. Aux avoués pour vacation au procès-verbal. (226 c. p.)		4.50	
	92	165. Vacation à l'avoué du demandeur pour prendre communication de la pièce. (228 c. p.)		4.50	
	166	166. Vacation du dépositaire de la minute à la remise au greffe. (*vid. sup.* au tit. *de la vérification d'écritures* n° 142).			
	75	167. Requête en moyens de faux, suivant le nombre de rôles, *vide* n° 52. (229 c. p.)			
		Réponse *idem.* (230 c. p.)			

DÉTAILS.	ARTICLES DU TARIF.	DÉSIGNATION DES ACTES.	Déboursés.	Émoluments.	OBSERVATIONS.
	70	168. Avenir à l'audience pour faire ordonner que le demandeur demeure déchu de son inscription de faux. (229 c. p.)	1.50	».95	
		Dans le cas de jugement les frais seront réglés comme pour les autres incidents.			
		Après la signification des moyens de faux et de la réponse, la procédure suit son cours comme les autres procédures et donne lieu aux mêmes droits. S'il y a lieu à expertise ou à enquête, vid. les titres relatifs à ces matières.			
	70	169. Dénonciation d'audience par acte d'avoué.	1.50	».95	
		Plus copie des rapports et enquêtes, à 25 c. par rôle. (238 c. p.)			
		Sur cet acte la procédure suit son cours et les frais en sont taxés comme dans les autres procédures.			
Emolument 5.50 Papier 0.35	78	170. Requête pour obtenir l'autorisation de se faire délivrer par le greffier dépositaire des pièces de comparaison, des expéditions desdites pièces. (245 c. p.)	».35	5.50	Cet acte n'est pas prévu dans le tarif, et c'est par analogie qu'on invoque ici l'art. 78.
		171. Coût du jugement.			
	78	172. Requête afin d'homologation d'une transaction sur le faux incident civil.	».35	5.50	Idem.
		173. Coût du jugement.			

CHAPITRE VII.

Correspondant au titre 12 du livre II,
1re partie.

—

DES ENQUÊTES.

DÉTAILS.	ARTICLES DU TARIF.	DÉSIGNATION DES ACTES.	Déboursés.	Émoluments.	OBSERVATIONS.
Papier 0.70 Huissier 0.25 Enregistrement 0.55 ——— 1.50 Original 3.75 Copie 0.94 ——— 4.69	71	174. Acte contenant articulation de faits à prouver. (252 c. p.)	1.50	4.69	Compter le papier et les copies.

DÉTAILS.		ARTICLES DU TARIF.	DÉSIGNATION DES ACTES.	Déboursés.	Émoluments	OBSERVATIONS.
		71	175. Acte de dénégation ou de reconnaissance. (252 c. p.)	1.50	4.69	
			Sur ces actes, sommation d'audience, droits et autres actes jusqu'à la signification du jugement qui statue sur l'enquête. (vid. le tit. des matières ordinair).			
Papier	0.35	76	176. Requête au juge-commissaire pour faire assigner les témoins. (259 c. p.)	3.65	1.50	
Enregistrement	3.30					
	3.65					
		91	177. Vacation pour obtenir l'ordonnance du juge et signer l'ouverture du procès-verbal d'enquête. (259 c. p.)		2.25	
Papier	0.70	70	178. Sommation à la partie adverse d'être présente au procès-verbal d'enquête.			
Enregistrement	0.55					
Huissier	0.25					
	1.50		Par acte d'avoué à avoué.	1.50	».95	
Émolument	0.75					
Copie	0.19					
	0.94					
Original	1.50	29	Par acte à domicile. (261 c. p.)	4.78		
Copie	0.38					
Enregistrement	2.20					
Papier	0.70					
	4.78	72	Plus copie de la requête et de l'ordonnance, 25 c. par rôle et papier.			
		29	179. Citations aux témoins pour faire leurs dépositions :			Autant de droits de copie, timbre et enregistrement qu'il y aura de témoins cités.
Original	1.50		Pour un seul témoin,	4.78		
Copie	0.38					
Enregistrement	2.20	72	Plus copie de pièces à 25 cent. le rôle évalué. (260 c. p.)			
Papier	0.70	et 89				
	4.78					
		92	180. Vacation des avoués à l'audition des témoins, par trois heures. (262 c. p.)		4.50	
			S'il est demandé une prorogation du délai pour faire l'enquête, avenir et autres droits et actes jusqu'à la signification du jugement. (vide matières ordinaires. (279, 280 c. p.)			
Papier	0.70	71	181. Acte contenant offre de prouver les reproches contre les témoins, non justifiés par écrit et désignation des témoins à entendre sur les reproches. (289 c. p.)	1.50	4.69	
Huissier et enregist.	0.80					
	1.50					
Émolument	3.75		Acte en réponse.	1.50	4.69	
Copie	0.94					
	4.69		*Sur ces actes sommation d'audience, et autres actes jusqu'à la signification du jugement qui statue sur les repro-*			

DÉTAILS.	ARTICLES DU TARIF.	DÉSIGNATION DES ACTES.	Déboursés.	Émoluments.	OBSERVATIONS.
		ches. Les dépens seront réglés comme en matière sommaire.			
Papier 0.70 Huissier et enregist. 0.80 —— 1.80 Original 3.75 Copie 0.94 —— 4.69	71	182. Acte contenant la justification des reproches par écrit après la déposition. (282 c. p.)	1.50	4.69	
		Acte en réponse.	1.50	4.69	
Signification 1.50 Original et copie 0.95	70	183. Signification par acte d'avoué des procès-verbaux d'enquête.	1.50	».95	
	72	Plus copie à 25 c. le rôle de grosse ou évalué, et papier. (286 c. p.)			
		184. Moyens et conclusions sur l'enquête.			Ces moyens ne pourront être grossoyés et payés par rôle qu'autant qu'une requête n'aurait pas déjà été grossoyée et signifiée dans l'instruction qui a précédé l'enquête. (Art. 81 cod. de procéd.) Dans ce cas la nouvelle requête ne sera taxée qu'à raison de 3.75 l'original et le quart pour la copie. (Art. 71 du tarif.)
		Sur cet acte, appel de cause , droits et autres actes de procédure jusqu'à la signification du jugement , comme en matière ordinaire.			

CHAPITRE VIII.

Correspondant au titre 13 du livre II,
1re partie.

—

DESCENTES SUR LES LIEUX.

—

DÉTAILS.	ARTICLES DU TARIF.	DÉSIGNATION DES ACTES.	Déboursés.	Émoluments.	OBSERVATIONS.
Papier 0.35 Enregistrement 3.30 —— 3.65	76	185. Requête au juge commissaire pour avoir son ordonnance, qui fixe les jour, lieu et heure de la descente. (297 c. p.)	3.65	1.50	
Signifieat. et papier 1.50 Original 0.75 Copie 0.19 —— 0.94	70	186. Signification de la requête et de l'ordonnance, avec sommation.	1.50	».95	
		Plus copie de pièce à 25 cent. par rôle évalué. (297 c. p.)			
	92	187. A chaque avoué par vacation de trois heures au procès-verbal du juge.		4.50	
	144	*Il sera taxés en outre aux avoués, par chaque journée de campagne, à raison*			

DÉTAILS.	ARTICLES DU TARIF.	DÉSIGNATION DES ACTES.	Déboursés	Émoluments	OBSERVATIONS.
		de cinq myriamètres pour un jour, y compris leur frais de transport et de nourriture.		22.50	
Signification, papier et enregistrement 1.50 Original 0.75 Copie 0.19 ——— 0.94	70	188. Signification du procès-verbal de descente, par acte d'avoué.	1.50	».95	
		Plus copie des pièces par rôle de grosse 25 cent. (299 c. p.)			
		189. Acte pour saisir l'audience contenant les moyens et conclusions tirés du procès-verbal de descente.			La requête de moyens ne pourra être grossoyée et taxée a 1.50 le rôle, si déjà une requête de moyens a été signifiée lors de l'instruction qui a précédé la descente. (Art. 81 cod. de procéd.) Dans ce cas la nouvelle requête ne sera taxée qu'à raison de 3.75 l'original et le quart pour la copie, conformément à l'art. 71 du tarif.
		Le surplus de la procédure droits et actes jusqu'à la signification du jugement, comme en matière ordinaire.			

CHAPITRE IX.

Correspondant au titre 14 du livre II,
1re partie.

—

RAPPORT D'EXPERTS.

—

DÉTAILS.	ARTICLES DU TARIF.	DÉSIGNATION DES ACTES.	Déboursés	Émoluments	OBSERVATIONS.
	91	190. Vacation des avoués au greffe pour faire la déclaration des experts convenus. (396 c. p.)		2.25	
		191. Coût de l'acte de déclaration.			
Papier 0.35 Enregistrement 3.30 ——— 3.65	76	192. Requête au juge commissaire pour avoir son ordonnance à fin de prestation de serment des experts. (307 c. p.)	3.65	1.50	
Original 1.50 Trois copies 1.15 Enregistrement 2.20 Papier 1.40 ——— 6.25	29	193. Sommation aux trois experts pour prêter serment. (307 c. p.)	6.25		Le jugement qui nomme les experts ne doit point leur être notifié. S'il n'y a qu'un expert il n'y a qu'un droit de copie.
		Plus copie de la requête et de l'ordonnance par rôle évalué 25 c.			
		194. Acte de prestation de serment.			
	91	195. Vacation à la prestation de serment.		2.25	

DÉTAILS.	ARTICLES DU TARIF.	DÉSIGNATION DES ACTES.	Déboursés.	Émoluments.	OBSERVATIONS.
Coût de la signification par acte d'avoué 1.50	71	196. Acte de récusation d'un ou plusieurs experts, dans les trois jours de leur nomination. (309 c. p.)	1.50	4.69	
Original 3.75 Copie 0.94 ——— 4.69	71	Acte en réponse. (311 c. p.)	1.50	4.69	
		Si la récusation est contestée, sommation d'audience, enquête s'il y a lieu, et autres actes jusqu'à la signification du jugement qui statue sur l'incident. (les droits sont réglés comme en matière sommaire).			
		Si un nouvel expert est nommé, il y a lieu à prestation de serment et aux droits des n°ˢ 192, 193, 194 et 195.			
Signification 1.50 Original 0.75 Copie 0.19 ——— 0.94	70	197. Sommation à la partie, par acte d'avoué, pour être présente à l'expertise. (315 c. p.)	1.50	».95	Cet acte ne doit pas avoir lieu si la partie a été sommée de se trouver à la prestation du serment et si elle s'y est présentée.
		Si l'un des experts ne se présente pas, soit au serment, soit à l'expertise, avenir à l'audience, pour en faire nommer un d'office à sa place, et autres actes, jusqu'à la signification du jugement. (Voyez matière ordinaire). (316 c. p.)			
	92	198. Vacation de chaque avoué aux opérations des experts, lorsqu'ils sont requis par leurs parties, vacation de 3 heures. (317 c. p.)		4.50	
	159	199. Vacation de chaque expert, opérant sur les lieux ou dans la distance de deux myriamètres, par chaque vacation de trois heures.			
		Aux architectes et autres artistes.	6. »		
		Aux laboureurs et artisans.	3. »		
	160	*Si les experts se transportent au delà de deux myriamètres, il sera alloué par chaque myriamètre, pour frais de voyage et de nourriture.*			
		Aux architectes et artistes.	4.50		
		Aux laboureurs et artisans.	3. »		Il ne sera rien alloué aux laboureurs et artisans au-delà de cinq myriamètres.
	161	*Il sera alloué pendant le séjour des architectes et artistes, à charge de quatre vacations par jour.*	24. »		
	162	200. Vacation soit à la prestation de serment, soit au dépôt du rapport, par vacation :			

DÉTAILS.		ARTICLES DU TARIF.	DÉSIGNATION DES ACTES.	Déboursés.	Émoluments.	OBSERVATIONS.
			Aux architectes et artistes	6. »		
			Aux artisans et laboureurs.	3. »		
			Si les experts retardent ou refusent de déposer leur rapport, assignation à trois jours, jusqu'à la signification du jugement qui intervient comme en matière sommaire. (320 c. p.)			
			201. Expédition du rapport.			
Original	0.75	70	202. Signification du rapport par acte d'avoué.	1.50	».94	
Copies	0.19					
Signification, Enrc.	0.80					
Papier	0.70					
	2.44					
		72	Plus copie du rapport à 25 c. par rôle de grosse et papier. (321 c. p.)			
			203. Acte pour suivre l'audience contenant les moyens et conclusions tirés du procès-verbal de rapport.	1.50		La requête de moyens ne pourra être grossoyée et taxée à 1.50 le rôle; si déjà une requête de moyens a été signifiée lors de l'instruction qui a précédé l'expertise. (Art. 81 cod. de procéd.) Dans ce cas la nouvelle requête ne sera taxée qu'à raison de 3.75 l'original et le quart pour la copie, conformément à l'art. 71 du tarif.
			Acte en réponse, idem.			
			Appel de cause, droits et actes de procédure jusqu'à la signification du jugement définitif, comme en matière ordinaire.			

———

CHAPITRE X.

Correspondant au titre 15 du livre II,

1re partie.

—

INTERROGATOIRE sur FAITS et ARTICLES.

—

DÉTAILS.		ARTICLES DU TARIF.	DÉSIGNATION DES ACTES.	Déboursés.	Émoluments.	OBSERVATIONS.
Émolument	12.00	79	204. Requête pour faire interroger sur faits et articles contenant les faits. (325 c. p.)	0.70	12. »	Dans cet émolument est compris celui dû pour prendre le jugement. (tarif 79, § 6.)
Papier	0.70					
	12.70					
			205. Enregistrement de l'ordonnance.			
Original	1.50	29	206. Signification de la requête, du jugement et de l'ordonnance du président ou du juge, avec assignation par un huissier commis, à la partie qui doit être interrogée.	4.78		
Copie	0.38					
Enregistrement	2.20					
Papier	0.70					
	4.78					
			Plus, copie des pièces à 25 c. par rôle de grosse ou évalué, et papier. (329 c. p.)			

DÉTAILS.		ARTICLES DU TARIF.	DÉSIGNATION DES ACTES.	Débours.	Émoluments	OBSERVATIONS.
			207. Coût du procès-verbal d'interrogatoire ou par défaut, si la partie ne comparaît.			
Original	0.75	70	208. Signification du procès-verbal par acte d'avoué.	1.50	».94	
Copie	0.19					
Enreg. et significat.	0.80					
Papier	0.70					
	2.44					
			Plus copie à 25 c. le rôle de grosse et papier.			
			209. Moyens et conclusions sur l'interrogatoire.	1.50		La requête de moyens ne pourra être grossoyée et taxée à 1.50 le rôle, si déjà une requête de moyens a été signifiée lors de l'instruction qui a précédé l'interrogatoire. (Art. 81 cod. de procéd.) Dans ce cas la nouvelle requête ne sera taxée qu'à raison de 3.75 l'original et le quart pour la copie. (Art. 71 du tarif.)
			Acte de réponse.	1.50		Même observation.
			Appel de cause, droits et actes de procédure, jusqu'à la signification du jugement, comme en matière ordinaire ou sommaire, suivant l'espèce.			
		88, 89 du déc. du 18 juin 1811.	210. Transport du juge auprès de la partie, en cas d'empêchement légitime de la part de celle-ci, à plus de 5 kilomètres du tribunal; par chaque jour.	9. »		
			S'il se transporte à plus de deux myriamètres; par chaque jour.	12. »		
			Transport du greffier, dans le même cas, à plus de cinq kilomètres; par chaque jour.	6. »		
			A plus de deux myriamètres; par chaque jour.	8. »		

━━━◦◦◦━━━

CHAPITRE XI.

Correspondant au titre 16 du livre II,

1re partie.

DES INCIDENTS.

§ 1er, DES DEMANDES INCIDENTES.

DÉTAILS.		ARTICLES DU TARIF.	DÉSIGNATION DES ACTES.	Débours.	Émoluments	OBSERVATIONS.
Original	3.75	71	211. Acte de demande incidente contenant les moyens et conclusions, avec offre de communiquer les pièces justificatives sur récépissé ou par dépôt au greffe. (337 c. p.)	1.50	4.69	
Copie	0.94					
Enregistrement et signification	0.80					
Papier	0.70					
	6.19		Acte en réponse.	1.50	4.69	

DÉTAILS.	ARTICLES DU TARIF.	DÉSIGNATION DES ACTES.	Déboursés.	Émoluments	OBSERVATIONS.
		Droits et actes de procédure pour faire statuer sur l'incident jusqu'à la signification du jugement. (voyez matière ordinaire.)			
		§ II. INTERVENTION.			
	75	212. Requête d'intervention avec copie des pièces justificatives, par chaque rôle de grosse, 1.50 comme les requêtes de défense. (339 c. p¹)			
		Plus pour copie de pièces, 25 c. par rôle de grosse ou évalué.			
	75	Réponse, id.			
		Consultation, droits et actes de procédure jusqu'à la signification du jugement, comme en matière ordinaire.			
		CHAPITRE XII. *Correspondant au titre 17 du livre II,* *1re partie.* REPRISES D'INSTANCES ET CONSTITUTION DE NOUVEL AVOUÉ.			
Émolument 0.75 Copie 0.19 Enreg. et significat. 0.80 Papier 0.70 —— 2.44	70	213. Notification du décès de l'une des parties, par acte d'avoué.	1.50	0.94	
	72	Plus copie de pièces à 25 c. par rôle de grosse, ou évalué, et papier. (344 c.p.)			
Original 1.50 Copie 0.38 Enregistrement 2.20 Papier 0.70 —— 4.78	29	214. Assignation du défendeur qui n'aurait pas constitué avoué avant le changement d'état, ou le décès du demandeur.	4.78	1.50	
	28	Plus copie de pièces à 20 c. par rôle de grosse ou évalué, et papier. (346 c.p.)			Voir les observations au n° 4.
Original 3.75 Copie 0.94 Significat. et enreg. 0.80 Papier 0.70 —— 6.19	71	215. Acte de reprise d'instance par acte d'avoué. (347 c. p.)	1.50	4.69	
Original 0.75 Copie 0.19 Enreg. et significat. 0.80 Papier 0.70 —— 2.44	70	216. Acte de constitution de nouvel avoué.	1.50	0.94	
	75	217. Requête de contestation sur la demande			

DÉTAILS.	ARTICLES DU TARIF.	DÉSIGNATION DES ACTES.	Déboursés.	Émoluments.	OBSERVATIONS.
		en reprise d'instance, qui ne pourra excéder six rôles. Par chaque rôle de grosse 1.50. Pour la copie le quart. (348 c. p.) Réponse, idem. *Si la partie assignée en reprise d'instance et constitution de nouvel avoué, ne comparait pas, les droits et actes de procédure jusqu'à la signification du jugement qui prononce la reprise de l'instance, sont réglés suivant la nature de l'affaire.*			

CHAPITRE XIII.

Correspondant au titre 18 du livre II,
1re partie.

DU DÉSAVEU.

DÉTAILS.	ARTICLES DU TARIF.	DÉSIGNATION DES ACTES.	Déboursés.	Émoluments.	OBSERVATIONS.
		218. Pour le pouvoir spécial et authentique. (353 c. p.)			
		219. Pour l'acte au greffe conten^t les moyens, conclusions et constitution d'avoué.			
	92	220. Vacation de l'avoué. *Si le désaveu est formé par voie principale, il y a lieu à assignation, consultation, communication, signification de jugement etc. dont les droits sont réglés comme en* matière ordinaire. (355 c.p.)		4.50	
Original 0.75 Copie 0.19 Significat. et Enreg. 0.80 Papier 0.70 ————— 2.44	70	221. Signification de l'acte de désaveu par acte d'avoué à avoué, si le désaveu est formé incidemment. Plus copie de l'acte de désaveu à 25 c. par rôle de grosse ou évalué. (354 c.p.)	1.50	».94	
Original 0.75 Copie 0.19 Significat. et enreg. 0.80 Papier 0.70 ————— 2.44		222. Notification de l'assignation en désaveu, et de l'acte qui contient le désaveu, aux parties qui sont en instance, par acte d'avoué.	1.50	».94	
	75	223. Requête servant de moyens contre un désaveu, suivant le nombre de rôles, à raison de 1.50 l'un. Le quart pour la copie.			

DÉTAILS.	ARTICLES DU TARIF.	DÉSIGNATION DES ACTES.	Déboursés.	Émoluments.	OBSERVATIONS.
	75	224. Réponse *idem*.			
		Tous les autres droits jusqu'au jugement et sa signification, son réglés en matière ordinaire.			
	91	225. Vacation à la mention au greffe, en marge de l'acte de désaveu, du jugement qui rejette le désaveu. (361 c. p.)		2.25	
		226. Coût de l'acte du greffe contenant cette mention.			

CHAPITRE XIV.

Correspondant du titre 19 du livre II,
1re partie.

RÈGLEMENT DE JUGES.

DÉTAILS.	ARTICLES DU TARIF.	DÉSIGNATION DES ACTES.	Déboursés.	Émoluments.	OBSERVATIONS.
Emolument 5.50 Papier 0.70 ______ 6.20	78	227. Requête pour avoir permission d'assigner en règlement de juges, lorsqu'un différend est porté à deux tribunaux de paix ressortissant du même tribunal. (364 c. p.)	0.70	5.50	
		228. Jugement.			
Original 1.50 Copie 0.38 Enregistrement 2.20 Papier 0.70 ______ 4.78	29	229. Signification du jugement portant permission d'assigner en règlement de juges, contenant assignation.	4.78		
		Le droit pour la copie de la requête et du jugement est de 25 c. par rôle évalué.			
		Les autres droits jusqu'à la signification du jugement qui statue sur le règlement de juges, sont réglés en matière ordinaire.			

CHAPITRE XV.

Correspondant au titre 20 du livre II,
1re partie.

RENVOI A UN AUTRE TRIBUNAL POUR PARENTÉ OU ALLIANCE.

DÉTAILS.	ARTICLES DU TARIF.	DÉSIGNATION DES ACTES.	Déboursés.	Émoluments.	OBSERVATIONS.
		230. Acte au greffe contenant les moyens de demande en renvoi.			

DÉTAILS.	ARTICLES DU TARIF.	DÉSIGNATION DES ACTES.	Déboursés.	Émoluments	OBSERVATIONS.
	92	231. Vacation de l'avoué à cet acte.(370 c.p.)		4.50	
		232. Assistance au jugement qui ordonne la communication aux juges, et fixe le jour du rapport.		2.25	Par analogie avec l'art. 83 du tarif.
		233. Jugement.(371 c. p.)			
Original 0.75 Copie 0.19 Significat. et Enreg. 0.80 Papier 0.70 ——— 2.44	70	234. Signification à la partie de l'acte de demande en renvoi, des pièces justificatives et du jugement : Par acte d'avoué à avoué.	1.50	».94	
	72 et 89	Plus copie de pièces par rôle de grosse ou évalué, et papier.			
	75	235. Requête contre la demande afin de renvoi. Par rôle 1 fr. 50. Copie le quart.			
	75	236. Réponse, *idem.* *Les autres droits sont réglés comme en matière ordinaire.*			

CHAPITRE XVI.

Correspondant au titre 21 du livre II,
1re partie.

—

DE LA RÉCUSATION.

—

DÉTAILS.	ARTICLES DU TARIF.	DÉSIGNATION DES ACTES.	Déboursés.	Émoluments	OBSERVATIONS.
		237. Acte au greffe contenant les moyens de récusation.			
	92	238. Vacation à cet acte. (384 c. p.)		4.50	
		239. Jugement. *Les autres droits, pour la suite de la procédure, sont réglés en matière ordinaire.*			
		240. Acte au greffe dans les cinq jours du jugement qui a statué, pour déclarer appel avec énonciation des moyens et dépôt des pièces.			
	92	241. Vacation audit acte. (392 c. p.)		4.50	
		Expédition des actes de récusation, déclaration de juges, jugements et acte			

DÉTAILS.	ARTICLES DU TARIF.	DÉSIGNATION DES ACTES.	Déboursés.	Émoluments	OBSERVATIONS.
		d'appel, qui doivent être envoyés par le greffier à celui de la cour d'appel aux frais de l'appelant. (393 c. p.)			
Original 0.75 Copie 0.19 Significat. et enreg. 0.80 Papier 0.70 —— 2.44		242. Signification de l'arrêt intervenu sur l'appel du jugement qui a rejeté la récusation, ou du certificat du greffier de la cour d'appel, contenant que l'appel n'est pas jugé, par acte d'avoué à avoué. (396 c. p.)	1.50	».94	

CHAPITRE XVII.

Correspondant au titre 22 du livre II,
1ʳᵉ partie.

—

DE LA PÉREMPTION.

—

	75	243. Requête en péremption d'instance signifiée à avoué, et ne pouvant excéder six rôles, 1 fr. 50 par rôles.			
	75	Réponse *idem.* *S'il y a lieu à assignation à partie, les droits de l'affaire sont réglés en matière ordinaire ou sommaire, suivant sa nature.*			

CHAPITRE XVIII.

Correspondant au titre 23 du livre II,
1ʳᵉ partie.

—

DU DÉSISTEMENT.

—

		244. Coût du pouvoir.			
Original 3.75 Copies 0.94 Signification, Enre. 0.80 Papier 0.70 —— 6.19	71	245. Acte de désistement signifié par acte d'avoué. (402 c. p.)	1.50	4.69	
	71	246. Acte d'acceptation. (403 c. p.)	1.50	4.69	
Original 0.75 Copie 0.19 Enreg. et significat. 0.80 Papier 0.70 —— 2.44	70	247. Sommation de se trouver devant le président, et voir déclarer exécutoire la taxe des frais.	1.50	0.94	
Emolument 1.50 Papier 0.35 —— 1.85	76	248. Requête pour obtenir l'ordonnance du président.	».35	1.50	
		249. Ordonnance.			

DÉTAILS.	ARTICLES DU TARIF.	DÉSIGNATION DES ACTES.	Déboursés	Émoluments	OBSERVATIONS.
		CHAPITRE XIX.			
		Correspondant au titre 1er du livre IV,			
		1re partie.			
		DE LA TIERCE-OPPOSITION.			
		La tierce-opposition formée par voie principale, se suit comme un procès ordinaire, les frais en sont taxés en ma-tière ordinaire ou en matière sommaire suivant l'espèce.			
	75	250. Requête de tierce-opposition par voie incidente. (475 c. p.)			
		Suivant le nombre de rôles à raison de 1 fr. 50 c. l'un.			
	75	251. Réponse *idem.*			
		Le surplus des actes se taxe en ma-tière ordinaire ou sommaire suivant la nature de l'affaire.			
		CHAPITRE XX.			
		Correspondant au titre 2 du livre IV,			
		1re partie.			
		DE LA REQUÊTE CIVILE.			
		252. Pour le pouvoir.			
	140	253. Consultation de trois avocats, exerçant depuis 10 ans. (495 c. p.) Plus le papier.	72. »		
	90	254. Vacation à la consignation de l'amende. (494 c. p.)		1.15	
		255. Quittance de la consignation.			
	78	256. Requête civile formée par voie principale.		5.50	
Original 1.50 Copie 0.38 Enregistrement 2.20 Papier 0.70 —— 4.78	27	257. Assignation.	4.78		
	72	258. Copie de la requête, de la consultation et de la quittance.			25 c. par rôle évalué.
		Les autres droits de l'affaire se règlent en matière ordinaire ou sommaire, suivant l'espèce.			

DÉTAILS.		ARTICLES DU TARIF.	DÉSIGNATION DES ACTES.	Déboursés.	Émoluments.	OBSERVATIONS.
		75	259. Requête civile incidente par acte d'avoué. Suivant le nombre de rôles à raison de 1 fr. 50 c. l'un. Pour la copie le quart.			
		72	260. Copie de la consultation et de la quittance. Papier. *Le surplus des droits pour les actes qui suivent est réglé en matière ordinaire ou sommaire, suivant la nature de l'affaire.*			25 c. par rôle de grosse évalué.
		90	261. Vacation à retirer la consignation.		1.15	

CHAPITRE XXI.

Correspondant au titre 1er du livre V, 1re partie.

RÉCEPTION DE CAUTION.

DÉTAILS.		ARTICLES DU TARIF.	DÉSIGNATION DES ACTES.	Déboursés.	Émoluments.	OBSERVATIONS.
			262. Acte de dépôt fait au greffe des titres qui constatent la solvabilité de la caution. (518 c. p.)			
		91	263. Vacation de l'avoué au dépôt de ces pièces.		2.25	
		91	264. Vacation de l'avoué du défendeur pour prendre au greffe, communication de ces pièces.		2.25	
			265. Acte de présentation de caution (518 c. p.)			
Papier 0.70 Significat. et enreg. 0.80 —— 1.50 Original 3.75 Copie 0.94 —— 4.69		71	Si c'est par acte d'avoué à avoué.	1.50	4.69	
Papier 0.70 Enregistrement 2.20 Original 1.50 Copie 0.38 —— 4.78		29 et 71	Si c'est par exploit signifié à la partie, à défaut d'avoué.	4.78	4.69	
		72	Copie de l'acte de dépôt des pièces.			25 c. par rôle.
			266. Acte de déclaration d'acceptation de caution :			
			Si c'est par acte d'avoué à avoué.	1.50	4.69	V. l'art. précédent pour les détails.
			Si c'est par acte à domicile.	4.78	4.69	Idem.
			267. Acte de soumission de la caution au greffe. (519 c. p.)			

DÉTAILS.	ARTICLES DU TARIF.	DÉSIGNATION DES ACTES.	Déboursés.	Émoluments	OBSERVATIONS.
	91	268. Vacation de l'avoué à l'acte de soumission.		2.25	
Papier 0.70 Enreg. et significat. 0.80 ——— 1.50 Original 3.75 Copie 0.94 ——— 4.69	71	269. Acte de contestation de la caution offer-te, avec avenir. (520 c. p.)	1.50	4.69	
		Les autres droits et actes, auxquels donne lieu la suite de cette contestation, sont taxés en matière ordinaire ou som-maire, suivant la nature de l'affaire.			
	91	270. Vacation à l'acte de soumission après l'admission par jugement.		2.25	

CHAPITRE XXII.

Correspondant au titre 2 du livre V,
1re partie,

LIQUIDATION DES DOMMAGES ET INTÉRÊTS.

DÉTAILS.	ARTICLES DU TARIF.	DÉSIGNATION DES ACTES.	Déboursés.	Émoluments	OBSERVATIONS.
Papier Droit par cha. articl. 0.45 Copie *idem.* 0.12 ——— 0.57 Enregistrement 0.55 Huissier 0.25 ——— 0.80	141	271. Acte de déclaration de dommages et in-térêts. (523 c. p.)			
		272. Coût de la signification à avoué.	».80		
	91	273. Vacation pour donner en communica-tion les pièces justificatives de la dé-claration de dommages et intérêts et les retirer, le tout ensemble.		2.25	
	91	274. Vacation pour prendre communication, à l'amiable ou au greffe, des pièces jus-tificatives, et les rétablir; le tout en-semble.		2.25	
Papier Par apostille 0.45 Copie par ch. article. 0.12	142	275. Par chaque apostille de l'avoué défen-deur sur la déclaration des dommages-intérêts.			
Papier Signification, Enre. 0.80 Original 3.75 Copie 0.94 ——— 4.69	71	276. Acte de signification des apostilles par l'avoué défendeur, contenant offre de la somme qu'il avisera pour les dom-mages-intérêts. (524 c. p)		4.69	
		Le surplus des droits et actes auxquels donne lieu la contestation sont taxés en matière ordinaire ou sommaire, suivant la nature de l'affaire.			

DÉTAILS.	ARTICLES DU TARIF.	DÉSIGNATION DES ACTES.	Déboursés	Émoluments	OBSERVATIONS.
		CHAPITRE XXIII.			
		Correspondant aux titres 3 et 4 du livre V, *1re partie.*			
		DE LA LIQUIDATION DES FRUITS ET DES REDDITIONS DE COMPTE.			
Papier Huissier et enregist. 0.80	75	277. Grosse du compte dont le préambule ne peut excéder six rôles. (531 c. p.)			
Grosse par cha. rôle. 1.50 Copie par chaq. rôle. 0.38 ——— 1.88					
Papier 0.35 Enregistrement 3.30 ——— 3.65	76	278. Requête au juge commis pour entendre le compte à l'effet d'obtenir l'ordonnance fixant le jour et l'heure de la présentation et affirmation du compte.	3.65	1.50	
Emolument 1.50					
Papier Huissier et enregist. 0.80	70	279. Signification de la requête et de l'ordonnance, avec sommation de se trouver devant le juge commis aux jour et heure indiqués pour être présent à la présentation et affirmation. (534 c. p.)		0.94	
Original 0.75 Copie 0.19 ——— 0.94					
25 c. par rôle.	72	Copie des requête et ordonnance.			
	92	280. Vacation de l'avoué du rendant compte pour mettre en ordre les pièces du compte, les coter et parapher. Par chaque vacation. (532, 536 c. p.) Il sera passé une vacation pour 50 pièces, deux pour 100 et ainsi de suite.		4.50	
	92	281. Vacation du même à la présentation et à l'affirmation du compte, par chaque vacation. (534 c. p.)		4.50	
Papier Huissier et enregist. 0.80		282. Signification du compte. (536 c. p.)			
	75	Copie du compte 0,38 par chaq. rôle.			
	92	283. Vacation de l'avoué de l'ayant cause à la présentation et affirmation du compte. (534 c. p.)		4.50	
	92	284. Vacation du même pour requérir du juge commissaire l'exécutoire de l'excédent de la recette sur la dépense dans les comptes présentés. (535 c. p.)		4.50	
		285. Expédition de l'exécutoire.			
		286. Signification dudit à avoué.	1.50		
Par rôle 25 c.	72	Copie de l'exécutoire.			

DÉTAILS.	ARTICLES DU TARIF.	DÉSIGNATION DES ACTES.	Déboursés.	Émoluments	OBSERVATIONS.
Papier 0.70 Enregistrement 2.20 Original 1.50 Copie 0.38 ——— 4.78 Copie de l'exécutoire 25 c. par rôle.	29	287. Signification dudit exécutoire à domicile	4.78		
	92	288. Vacation de l'avoué de l'ayant compte pour prendre en communication les pièces justificatives du compte et les rétablir. (536 c. p.)		4.50	
	92	289. Vacation de l'avoué de l'ayant pour fournir des débats sur le procès-verbal. (538 c. p.) . Par chaque vacation de trois heures.		4.50	Le nombre en sera fixé et arbitré par le juge commissaire.
	92	290. Vacation de l'avoué du rendant pour fournir soutènement et réponse. (538 c. p.) Par chaque vacation de trois heures. *Le reste de la procédure jusqu'à la signification du jugement, se règle comme en matière ordinaire.*		4.50	Idem.
		CHAPITRE XXIV. *Correspondant au titre 5 du livre V.* *1re partie.* — **LIQUIDATION DES DÉPENS EN MATIÈRE ORDINAIRE.** —			Voyez le décret concernant la liquidation des dépens et frais.
	§ 1	291. Pour chaque article entrant en taxe des dépens adjugés en matière ordinaire.		».10	Il ne peut être fait qu'un article pour chaque pièce de procédure, tant pour l'avoir dressé que pour l'original, copie et signification, et tous les droits qui en résultent.
Papier 0.70 Huissier et enregist. 0.80 ——— 1.50 Original 0.75 Copie 0.19 ——— 0.91 Idem.	§ 5	292. Sommation à l'avoué de la partie qui a obtenu la condamnation de dépens de lever le jugement.	1.50	».94	
	§ 6	293. Original de l'acte contenant opposition soit à un exécutoire de dépens, soit au chef du jugement qui les a liquidés, avec sommation de comparaître à la chambre du conseil, pour être statué sur ladite opposition.	1.50	».94	
	§ 7	294. Assistance et plaidoirie à la chambre du conseil.		5.63	
	§ 8	295. Qualités et signification à avoué du jugement qui interviendra, s'il n'y a qu'une partie, le tout ensemble.	1.50	4. »	

DÉTAILS.	ARTICLES DU TARIF.	DÉSIGNATION DES ACTES.	Déboursés.	Émoluments.	OBSERVATIONS.
	§9	S'il y a plusieurs avoués, pour chacune des autres copies tant des qualités que du jugement.		».75	

CHAPITRE XXV.

Correspondant au titre 7 du livre V,
1re partie.

—

SAISIES-ARRÊTS OU OPPOSITIONS.

—

DÉTAILS.	ARTICLES DU TARIF.	DÉSIGNATION DES ACTES.	Déboursés.	Émoluments.	OBSERVATIONS.
Papier 0.35 Enregistrement 3.30 —— 3.65	77	296. Requête pour obtenir permission de former opposition lorsqu'il n'y a pas de titre, ou dans le cas prévu par l'art. 582 du code. (558 et 582 c. p.)	3.65	2.25	
Papier 0.70 Enregistrement 2.20 Original 1.50 Copie 0.38 —— 4.78	29	297. Exploit de saisie-arrêt ou opposition. (559 c. p.)	4.78		
25 c. par rôle ou évalué à l'avoué, 20 c. à l'huissier.		Copie de pièces.			
	66	298. Visa de l'exploit, si l'opposition est formée entre les mains de receveurs, dépositaires ou administrateurs de caisses ou deniers publics Par chaque visa. (561 c. p.)	».75		
Papier 0.70 Enregistrement 2.20 Original 1.50 Copie 0.38 —— 4.78	29	299. Exploit de dénonciation à la partie de la saisie-arrêt avec assignation en validité. (563 c. p.) Copie de l'opposition.	4.78		
Idem.	29	300. Exploit de dénonciation au tiers-saisi de la demande en validité formée contre la partie saisie. (564 c. p.) *Le surplus des actes de la procédure sur l'assignation en validité, ainsi que les droits des avoués sont taxés en matière ordinaire ou en matière sommaire, suivant la nature de l'affaire ; en matière ordinaire le droit de consultation n'est pas dû.*	4.78		
Idem.	29	301. Assignation en déclaration contre le tiers-saisi s'il y a titre authentique,			

DÉTAILS.	ARTICLES DU TARIF.	DÉSIGNATION DES ACTES.	Déboursés.	Émoluments.	OBSERVATIONS.
		ou jugement qui ait déclaré la saisie valable. (568 et 570 c. p.)	4.78		
	91	302. Vacation pour requérir des fonctionnaires publics, leur certificat constatant le montant de ce qu'ils doivent à la partie saisie. (569 c. p.)		2.25	
		303. Acte de déclaration faite au greffe par le tiers-saisi ou devant le juge de paix de son domicile. (571 c. p.)			
	92	304. Vacation de l'avoué du tiers-saisi au greffe pour faire faire l'acte de déclaration *affirmative*, ou pour déposer celle faite devant le juge de paix. (574 c. p.)		4.50	
Papier Huissier et enregist. 0.80 Original 0.75 Copie 0.19 ——— 0.94 Copie de la déclaration 25 c. par rôle.	70	305. Acte de signification de la déclaration affirmative et du dépôt des pièces, contenant constitution d'avoué. (574 c. p.)		».94	
Papier Huissier et enregist. 0.80 Original 0.75 Copie 0.19 ——— 0.91 Copie des saisies et oppositions à raison de 25 c. le rôle évalué.	70	306. Acte d'avoué à avoué contenant dénonciation par le tiers-saisi, à l'avoué du premier saisissant, des nouvelles saisies-arrêts ou oppositions survenues entre ses mains. (575 c. p.) *Si la déclaration est contestée, la procédure à laquelle donne lieu cette contestation, est réglée en matière ordinaire ou sommaire, suivant la nature de l'affaire.*			
Papier 1.05 Huissier et enregist. 0.80 ——— 1.85 Grosse 3. » Copie 0.75 ——— 3.75	75	307. Requête du tiers-saisi à fin de renvoi devant le juge de son domicile, en cas que sa déclaration affirmative soit contestée, laquelle requête ne peut excéder deux rôles. (570 c. p.) Requête en réponse, *idem*. *Si cette demande en renvoi donne lieu à une contestation, les droits et les actes de la procédure sont taxés en matière ordinaire ou sommaire, suivant la nature de l'affaire.*	1.85 1.85	3.75 3.75	

DÉTAILS.	ARTICLES DU TARIF.	DÉSIGNATION DES ACTES.	Déboursés.	Émoluments.	OBSERVATIONS.
		CHAPITRE XXVI. *Correspondant au titre 8 du livre V,* *1re partie.* — DES SAISIES-EXÉCUTION. —			
Papier 0.70 Enregistrement 2.20 Original 1.50 Copie 0.38 ——— 4.78 Copie du titre à 20 c. ou 25 c. par rôle, suivant que le droit est dû à l'huissier ou à l'avoué, plus le papier.	29	308. Commandement contenant notification du titre, s'il n'a déjà été notifié. (583 et 584 c. p.)	4.78		
Papier 1.05 Enregistrement 4.40 Procès-verbal 6.00 ——— 11.45	31	309. Procès-verbal de saisie exécution, y compris 1 fr. pour chaque témoin, et les copies pour le gardien et le saisi. (585 et 586 c. p.)	11.45		Compter le papier. Ajouter le transport s'il y a lieu.
	31	310. Si la saisie dure plus de trois heures, par chacune des vacations subséquentes aussi de trois heures, y compris 60 c. pour chaque témoin.	3.75		
	66	311. Transport de l'huissier au delà d'un myriamètre, pour aller et retour jusqu'à un myriamètre.	4. »		Au delà d'un myriamètre, il est alloué 2 fr. par chaque demi-myriamètre.
	6	312. Vacation d'un juge de paix pour être présent à l'ouverture des portes, par chaque vacation de trois heures. Dans la ville où siège le tribunal. Dans les autres communes. (587 c. p.)	3.75 2.50		Le droit à cette vacation est supprimé par la loi du 21 juin 1845, à compter du 1er janvier 1846.
	32	313. Vacation d'un Commissaire de police, d'un maire ou d'un adjoint requis pour être présent à l'ouverture des portes, s'ils le requièrent. Dans la ville où siège le tribunal. Dans les autres communes.	2.75 2.50		
Papier Enregistrement Original 1.50 Copie 0.38 ——— Copie du procès-verbal.	29	314. Notification du procès-verbal de saisie quand il est fait hors du domicile du saisie, ou en son absence. (602 c. p.)			
	33	315. Vacation de l'huissier pour déposer au lieu établi pour les consignations, ou			

DÉTAILS.	ARTICLES DU TARIF.	DÉSIGNATION DES ACTES.	Déboursés.	Émoluments.	OBSERVATIONS.
		entre les mains du dépositaire qui sera convenu, les deniers comptants trouvés lors de la saisie. (590 c. p.)	1.60		
	34 et 26	316. Frais de garde établie aux objets saisis. (597 c. p.) Savoir :			
		Pour chaque jour, pendant les premiers douze jours :			
		Dans la ville où siége le tribunal.	2. »		
		Dans les autres communes.	1.50		
		Ensuite seulement à raison de :			
		Dans les villes où siége le tribunal.	».80		
		Dans les autres communes.	».60		
Papier 1.05 Enregistrement 4.40 Original 1.50 Copie 0.75 ——— 7.70	29	317. Assignation en référé donnée par le gardien au saisissant et à la partie-saisie pour obtenir sa décharge. (605,606 c.p.)	7.70		
Papier 0.35 Enregistrement 3.30 ——— 3.65	76	318. Requête afin d'assigner en référé, si le cas requiert célérité.	3.65	1.50	
	93	319. Vacation au référé.			
		S'il est par défaut.		2.25	
		S'il est contradictoire.		3.75	
		320. Coût de l'ordonnance.			
Papier Enregistrement Original 1.50 2 copies. 0.75	29	321. Signification de l'ordonnance au saisissant et au saisi.			
		Copie de l'ordonnance, suivant le nombre des rôles.			
Papier Enregistrement Original 2.25 Copie au gardien 0.87	35	322. Procès-verbal de recolement quand le gardien a obtenu sa décharge, sans assistance de témoins. (606 c. p.)			
	29	323. Sommation à la partie saisie pour être présente au recolement. (606 c. p.)	4.78		
Papier Enregistrement Procès-verbal 4.50	36	324. Procès-verbal de recolement à la requête d'un créancier dans le cas d'une saisie antérieure et d'établissement de gardien, témoins compris et deux copies. (611 c. p.)			
Procès-verbal 4.50 Enregistrement Papier	37	325. Procès-verbal de recolement avant la vente, y compris les témoins, et dont il ne sera pas donné copie. (616 c. p.)			
	29	326. Sommation à la partie saisie pour être			

DÉTAILS.	ARTICLES DU TARIF.	DÉSIGNATION DES ACTES.	Déboursés.	Émoluments.	OBSERVATIONS.
		présente à la vente lorsqu'elle n'est pas faite au jour indiqué par la dénonciation du procès-verbal de saisie à la partie saisie. (614 c. p.)	4.78		
	38	327. Transport des effets saisis sur la place où ils doivent être vendus. (617 c. p.)			Ce qui sera justifié avoir été payé par la représentation de la quittance, ou ce qui sera constaté avoir été payé au procès-verbal de l'huissier.
Papier 0.35 Émolument 1.50	76	328. Requête présentée à l'effet d'être autorisé à vendre les objets saisis dans un lieu plus avantageux. (617 c. p.)	».35	1.50	
		329. Coût du jugement qui intervient.			
	38	330. Rédaction de l'original du placard qui doit être affiché. (617 c. p.)	1. »		
	38	331. Pour chacun des placards s'ils sont manuscrits.	».50		
		S'ils sont imprimés l'huissier en sera remboursé sur les quittances de l'imprimeur et de l'afficheur.			
Papier 0.35 Enregistrement 2.20 Original 2.25 ___ 4.80	39	332. Original de l'exploit constatant l'apposition des placards dont il n'est point donné de copie. (619 c. p.)	4.80		
	39	333. Montant de la somme payée pour l'insertion de l'annonce de la vente dans le journal. (616 et 620 c. p.)			
	41	334. Pour chacune des deux premières publications ou expositions dans les cas de vente de barques, chaloupes et autres bâtiments, de vaisselle d'argent, bagues et joyaux. (620 et 621 c. p.)			La troisième publication ou exposition est comprise dans la vacation de vente. Dans la ville où s'imprime un journal, ces vacations ne peuvent être allouées, il doit y être suppléé par l'insertion au journal des annonces judiciaires.
		Dans la ville où siége le tribunal.	4. »		
		Dans les autres communes.	3. »		
		335. Vacation des gens de l'art à l'estimation des bagues et joyaux. (621 c. p.)			Ce qui sera justifié leur avoir été payé.
	1er de la loi du 18 juin 1843.	Dans les villes il est dû au commissaire-priseur qui a fait la prisée par chaque vacation de trois heures.	5. »		V. le tarif des commissaires priseurs, loi du 18 juin 1843.
	39	336. Vacation de trois heures à la vente, le procès-verbal compris, dans les lieux où les huissiers sont autorisés à la faire.			

DÉTAILS.	ARTICLES DU TARIF.	DÉSIGNATION DES ACTES.	Déboursés.	Émolumens	OBSERVATIONS.
		Dans la ville où siége le tribunal.	5. »		
		Dans les autres communes.	4. »		
	29	337. Vacation de l'huissier pour requérir les commissaires-priseurs dans la ville où ceux-ci doivent procéder aux ventes.	2. »		
	1er de la loi du 18 juin 1843.	338. Pour tous droits au commissaire-priseur qui a procédé à la vente, il lui est du, non compris les déboursés pour y parvenir et en acquitter les droits, six pour cent sur le produit des ventes, sans distinction de résidence.			
	id.	339. Vacation au commissaire-priseur à l'effet de préparer les objets mis en vente, lorsqu'ils en sont requis par les parties, et que la constation en est faite sur le procès-verbal.			Ces vacations ne sont passées en taxe qu'autant que le produit de la vente s'est élevé à trois mille francs.
		Pour chaque vacation de trois heures.	5. »		
	41	340. Expédition du procès-verbal de vente, faite par huissier, si elle est requise par l'une des parties, pour chaque rôle d'expédition contenant 25 lignes à la page, et 10 à 12 syllabes à la ligne.			
		Dans la ville où siége le tribunal.	». 50		
		Dans les autres communes.	». 40		
		Plus le timbre.			
	1er de la loi du 18 juin 1843.	341. Expédition du procès-verbal de vente, faite par le commissaire-priseur, si elle est requise; pour chaque rôle de 25 lignes à la page et de 15 syllabes à la ligne.	1. 50		
		Plus le timbre.			
	id.	342. Pour assistance au commissaire priseur à l'essai ou au poinçonnage des matières d'or et d'argent.	5. »		
	id.	343. Pour paiement des contributions par le commissaire priseur.	3. »		
		344. Vacation de l'officier qui a procédé à la vente pour consigner les deniers en provenant.			
	id.	Au commissaire-priseur.	5. »		

DÉTAILS.	ARTICLES DU TARIF.	DÉSIGNATION DES ACTES.	Déboursés	Émoluments	OBSERVATIONS.
	42	À l'huissier.			
		Dans la ville où siége le tribunal.	2. »		
		Dans les autres communes.	1.50		
	42	345. Vacation de l'huissier pour faire taxer ses frais par le juge.			Cette vacation ne doit point être allouée au commissaire-priseur.
		Dans la ville ou siége le tribunal.	2. »		
		Dans les autres communes.	1.50		
Papier 0.35 Enregistrement 2.20 Procès-verbal 4.50 ——— 7.05		346. Procès-verbal de *carence*, lorsque l'huissier ne trouve rien à saisir.	7.05		Le tarif ne dit rien du procès-verbal de carence, l'article 36 parle d'un procès-verbal qui a quelque analogie avec celui-ci, il convient d'en suivre les dispositions.
Papier 0.70 Enregistrement 2.20 Original 1.50 Copie 0.38 ——— 4.78	29	347. Opposition à la vente entre les mains du gardien, à la requête de celui qui se prétend propriétaire des objets saisis. (608 c. p.)	4.78		
Papier Enregistrement Original 1.50 2 copies. 0.75	29	348. Dénonciation de cette opposition au saisissant et au saisi, avec assignation libellée. (608 c. p.)			
Copie des pièces 25 c. par rôle.		*Les droits et les actes de procédure auxquels donne lieu cette instance sont taxés en* matière sommaire.			
Papier 1.05 Enregistrement 4.40 Original 1.50 2 Copies 0.75 ——— 5.70	29	349. Opposition sur le prix de la vente contenant les causes d'icelle, signifiée au saisissant qui a procédé à la vente. (609 c. p.)	7.50		

CHAPITRE XXVII.

Correspondant au titre 9 du livre V,
1re partie.

DE LA SAISIE-BRANDON.

DÉTAILS.	ARTICLES DU TARIF.	DÉSIGNATION DES ACTES.	Déboursés	Émoluments	OBSERVATIONS.
	29	350. Commandement qui doit précéder la saisie-gagerie. (626 c. p.)	4.78		
	43 et 44	351. Procès-verbal de saisie-brandon, quand il n'y sera pas employé plus de trois heures; avec copies à la partie saisie, au maire de la commune et au garde champêtre, ou autre gardien, (627 et 628 c. p.)			L'huissier ne sera point assisté de témoins.

DÉTAILS.	ARTICLES DU TARIF.	DÉSIGNATION DES ACTES.	Déboursés.	Émoluments.	OBSERVATIONS.
Papier 4 f. 2.80 Enregistrement 2.20 Procès-verbal 5.00 3 Copies 3.75 Visa 0.75 —— 14.50		1° Dans la ville ou siége le tribunal.	14.50		Vérifier le papier. Ajouter le transport s'il y a lieu. S'il a été employé plus de trois heures, ajouter 3 fr. par chaque autre vacation.
Papier 4 f. 2.80 Enregistrement 2.20 Procès-verbal 4.00 3 Copies 3. » Visa du maire 0.75 —— 12.75		2° Dans les autres communes.	12.75		Compter le papier. Ajouter le transport. S'il a été employé plus de trois heures, ajouter 3 f. par chaque autre vacation.
Papier 1.40 Enregistrement 2.20 Original 1.50 Copie 0.38 Copie du procès-verbal le quart.	29	352. Signification du procès-verbal de saisie-brandon au garde champêtre établi gardien, s'il n'est pas présent à la saisie. (628 du code.) *Pour le surplus de la procédure jusqu'à la vente inclusivement, vide les n°s 317 et suivants, au chapitre des saisies-exécutions.*			
Papier 0.33 Enregistrement 3.30 —— 3.63	76	353. Requête présentée au juge pour être autorisé à saisir brandonner. Pour le commandement qui doit précéder la saisie-brandon, le procès-verbal de saisie et tous les autres nécessaires, *vid.* les n°s 350 et suivants. *La demande en validité de la saisie-brandon, et toute la procédure postérieure jusqu'au jugement définitif se règle en matière sommaire.*	3.65	1.50	Si la saisie-brandon n'est pas faite en vertu d'un titre exécutoire, si elle l'est à la requête du propriétaire ou du principal fermier, et conformément à l'art. 819 du code, elle ne peut être faite qu'en suite d'une ordonnance du juge; et il faut la faire déclarer valable avant la vente.
	45	354. Frais de gardiennat soit au garde champêtre, soit à tout autre gardien qui pourrait être établi; par chaque jour, savoir :			
		Au garde champêtre.	».75		
		A tout autre que le garde champêtre.	1.25		

CHAPITRE XXVIII.

Correspondant au titre 10 du livre V,
1re partie.

DE LA SAISIE DES RENTES CONSTITUÉES SUR PARTICULIERS.

DÉTAILS.	ARTICLES DU TARIF.	DÉSIGNATION DES ACTES.	Déboursés.	Émoluments.	OBSERVATIONS.
Original 1.50 Copie 0.38 Enregistrement 2.20 Papier 1.05 —— 5.13 Copie du titre s'il y a lieu par évaluation.	29	355. Commandement au débiteur avec notification du titre, si elle n'a déjà été faite. (636 c. p.)	5.13		

DÉTAILS.	ARTICLES DU TARIF.	DÉSIGNATION DES ACTES.	Déboursés.	Émoluments.	OBSERVATIONS.
Original 3.00 Copie 0.75 Enregistrement 2.20 Papier 0.70 —— 6.65	46	356. Exploit de saisie du fonds de la rente constituée, contenant assignation au tiers-saisi, en déclaration affirmative. (637 c. p.)	6.65		
Original 1.50 Copie 0.38 Enregistrement 2.20 Papier 1.05 —— 5.13 Copie de la saisie par évaluation.	29	357. Exploit de dénonciation de la saisie à la partie avec notification du jour de la publication du cahier des charges. (641 c. p.) *Pour tout ce qui concerne la déclaration du tiers-saisi, le dépôt des pièces, la discussion s'il y a lieu, et enfin la procédure à défaut de déclaration. vide suprà au titre des saisies-arrêts n° 303 et suivants.*	5.13		
Papier Enregistrement Emolument	11 loi du 2 juin 1841. 10 8re 1841.	358. Cahier des charges, suivant le nombre des rôles de l'original, à raison de 1 fr. 50 par rôle de 25 lignes à la page et de 12 syllabes à la ligne, sans copie. (643 c. p.)			
	11 id.	359. Vacation au dépôt du cahier des charges.		2.45	
		360. Droit du greffe pour le dépôt.			L'émolument du greffier est de 15 fr. (art. 1er, loi du 12 janv. 1841.)
	7 id.	361. Vacation à la publication du cahier des charges, compris les dires qui pourront avoir lieu. (643 c. p.)		2.45	
	6 id.	362. A l'huissier pour la publication.	».75		
	11 id.	363. Extrait qui doit être imprimé et placardé. (645 c. p.)		4.50	
	11 id.	364. Extrait qui doit être inséré dans le journal.		1.50	
	11 id.	365. Vacation à la légalisation de la signature de l'imprimeur. *L'article 648 du code de procédure civile renvoie pour le surplus des actes aux dispositions relatives à la saisie immobilière, ces actes étant soumis à la même taxe, il faut recourir à ce titre infrà, Chapitre XXX.*		1.50	

DÉTAILS.	ARTICLES DU TARIF.	DÉSIGNATION DES ACTES.	Déboursés.	Émoluments	OBSERVATIONS.
		CHAPITRE XXIX.			
		Correspondant au titre 11 du livre V,			
		1re partie.			
		—			
		DE LA DISTRIBUTION PAR CONTRIBUTION.			
		—			
	95	366. Vacation pour requérir au greffe, la nomination d'un juge-commissaire pour procéder à la contribution.		3.75	S'il se présente deux ou plusieurs requérants en même temps au greffe, le président décidera celui dont la réquisition sera reçue; il n'est alloué aucune vacation pour transport devant ce magistrat.
Papier 0.35 Enregistrement 3.30 ——— 3.65	96	367. Requête au juge-commissaire à l'effet d'obtenir son ordonnance pour sommer les opposants de produire, et la partie-saisie de prendre communication des pièces produites et de contredire s'il y échet. (659 c. p.)	3.65	2.25	
Papier Enregistrement Original 1.50 Pour chaque copie. 0.38	29	368. Sommation faite aux créanciers opposants et à la partie saisie. (659 c. p.)			
Copie de pièces par rôle évalué 0.25	72	Copie des requête et ordonnance signifiées à toutes les parties.			Compter le papier.
	97	369. Acte de production des titres contenant demande en collocation et constitution d'avoué y compris la vacation pour produire. (660 c. p.)		7.50	
Papier 1.05 Enregistrement 1.10 Huissier 0.50 ——— 2.65 Original 0.75 2 Copies 0.38 ——— 1.13	98	370. Sommation à la requête du propriétaire à l'avoué de la partie-saisie et à l'avoué plus ancien, pour comparaître en référé devant le juge-commissaire, à l'effet de faire statuer sur son privilége, pour loyers à lui dûs. (661 c. p.)	2.65	1.13	
Papier 1.05 Enregistrement 4.40 Original 1.50 2 copies. 0.75 ——— 7.70	29	Si cette sommation est faite à domicile.	7.70		
	98	371. Vacation en référé devant le juge-commissaire pour faire statuer sur le privilége.			
		Par défaut.		2.25	
		Contradictoirement.		3.75	
		372. Coût du mandement délivré au propriétaire par le juge-commissaire.			
		La signification de ce mandement			

DÉTAILS.	ARTICLES DU TARIF.	DÉSIGNATION DES ACTES.	Déboursés	Émoluments	OBSERVATIONS.
Par rôle 0.25	39	peut avoir lieu par acte d'avoué ou à domicile; les frais de cette signification sont réglés comme ceux de signification d'un jugement en matière ordinaire La copie du mandement est taxée d'après le nombre des rôles.			
Papier Enregistrement Droits des huissiers audienciers. Original 0.75 Pour chaque copie. 0.19	99	373. Acte de dénonciation de la clôture du procès-verbal de contribution, aux avoués des créanciers produisans et de la partie saisie, si elle en a un, avec sommation d'en prendre communication et de contredire sur le procès-verbal dans la quinzaine. (663 c. p.)			Ce procès-verbal ne sera ni levé ni signifié.
Papier Enregistrement Original 1.50 Copie 0.38 Émolument 0.75 Copie 0.19 ——— 0.94	29	374. Acte de dénonciation à la partie-saisie, si elle n'a pas d'avoué.		» 94	
		375. Enregistrement du procès-verbal de contribution, lors de la délivrance des mandements aux créanciers.			
	100	376. Vacation à chaque avoué défendeur pour prendre communication de l'état de contribution, et contredire sur le procès-verbal. (664 c. p.)		3.75	Il ne sera fait aucun dire, s'il n'y a lieu à contredire. Dans tous les cas il ne sera jamais passé qu'une seule vacation.
	100	377. Vacation à l'avoué poursuivant autant de demi-droits de vacation pour prendre communication de l'état de contribution et contredire, qu'il y aura eu de créanciers produisans.		1.88	Pour chaque demi-droit.
	101	378. Vacation pour requérir la délivrance du mandement au créancier utilement colloqué, et être présent à l'affirmation de la créance devant le greffier. (665 c. p.)		1.50	
		379. Coût du mandement.			
Papier Enregistrement Original 1.50 Copie 0.38 Par rôle. 0.25	27	380. Acte de signification, s'il y a lieu, du mandement au dépositaire de deniers qui doit payer.			

DÉTAILS.	ARTICLES DU TARIF.	DÉSIGNATION DES ACTES.	Déboursés.	Émoluments.	OBSERVATIONS.
	101	Plus copie du mandement. *En cas de contestations , les dépens de ces contestations seront taxés comme en matière sommaire.* (669 c. p.)			Arrêt de cassation du 4 avril 1837. 1.201.37.Dalloz, recueil périodique.

CHAPITRE XXX.

Correspondant au titre 12 du livre V , *1re partie.*

DE LA SAISIE-IMMOBILIÈRE.

DÉTAILS.	ARTICLES DU TARIF.	DÉSIGNATION DES ACTES.	Déboursés.	Émoluments.	OBSERVATIONS.
Original 1.50 — Copie le quart 0.38 — Enregistrement 2.20 — Papier — Visa 0.75	3 et 5 de l'or. du 10 octob. 1841.	381. Commandement tendant à saisie-immobilière, copie à la partie, copie du titre exécutoire et visa. (673 c. p.)			Evaluer les rôles du titre ; vérifier le papier ; ajouter le transport s'il y a lieu, (art. 5); ajouter le visa du ministère public s'il y a lieu. Le droit de copie est de 20 cent. par rôle contenant 20 lignes à la page et 10 syllabes à la ligne. Ce droit appartient à l'huissier. (circulaire du garde des sceaux du 20 août 1842.
Copie du titre par rôle , pour l'huissier 0.20 — Pour l'avoué 0.25	4 de l'ar. du 24 mars 1849.	382. Alloué à l'huissier, pour rédaction du pouvoir spécial. (556 c. p.)	1. »		
Original 5.00 — Papier — Enregistrement 2.20 — Visa 0.75 — Extrait du rôle de la contribution fonce^{re} 0.35	4 et 5 de l'or. du 10 octobr 1841.	383. Procès-verbal de saisie-immobilière, supposé une seule vacation de trois heures, visa du maire. (675, 676 c. p.)			Si le procès-verbal a duré plus de trois heures, ajouter pour chaque vacation 4 fr. Vérifier s'il y a transport. Le droit de 75 c. est dû pour chaque visa.
Original 2.00 — Copie 0.30 — Enregistrement 2.20 — Papier — Visa 0.75	4 et 5 id.	384. Dénonciation de la saisie à la partie-saisie. (677 c. p.)			Evaluer le nombre des rôles de la saisie. Vérifier s'il y a transport.
	7	385. Vacation à faire transcrire au bureau des hypothèques la saisie immobilière et l'exploit de dénonciation. (678 c. p.)		4.50	
Par rôle d'écriture de 25 lignes à la page et 18 syllabes à la ligne. 1.00	2	386. Salaire du conservateur.			
Acte 1.00 — Papier	2	387. L'acte du conservateur des hypothèques contenant refus de transcription quand il y a lieu. (680 c. p.)			
Papier 0.35 — Enregistrement 3.30 — 3.65	76	388. Requête en référé pour faire nommer un séquestre ou pour faire vendre les fruits. (681 c. p.) Pour les autres droits sur le référé, *vide infrà* au chapitre du *référé*.	3.65	1.50	
Original 1.50 — Copie 0.38 — Papier — Enregistrement 2.20	3	389. Assignation en référé avec copie de la requête et de l'ordonnance.			Vérifier s'il y a transport.
Copie de la requête et de l'ordonnance par rôle évalué 0.25					

DÉTAILS.		ARTICLES DU TARIF.	DÉSIGNATION DES ACTES.	Déboursés.	Émolumens.	OBSERVATIONS.
Original	1.50	3	390. Exploit contenant demande en nullité de bail. (684 c. p.)			Vérifier s'il y a transport.
Copie	0.39					
Papier						
Enregistrement	2.20					
Original	1.50	3	391. Acte d'opposition entre les mains des fermiers ou locataires, ou la simple sommation aux mêmes. (685 c. p.)			Id.
Copie le quart						
Papier						
Enregistrement	2.20					
Original	1.50	3	392. Signification aux créanciers inscrits de l'acte de consignation faite par l'acquéreur en cas d'aliénation après saisie immobilière sous la condition de condition de consigner. (687 c. p.)			Id.
Copie le quart						
Papier						
Enregistrement	2.20					
Papier		11	393. Grosse du cahier des charges à raison de 1.50 par rôle. (690 c. p.)			La grosse ne peut être signifiée. Le rôle se compose de 25 lignes à la page et 12 syllabes à la ligne.
Enregistrement						
Emolument par rôle 1.50						
		11	394. Vacation pour déposer au greffe le cahier des charges. (690 c. p.)		2.45	
Droits	15.00	1	395. Droits du greffier pour l'acte du dépôt et coût de cet acte.			
Enregistrement						
Papier						
Original	1.50	3	396. Sommation à la partie saisie de prendre communication du cahier des charges, et d'assister à sa lecture, ainsi qu'à la fixation du jour de l'adjudication. (691 c. p.)	4.78		Vérifier s'il y a transport.
Copie	0.38					
Enregistrement	2.20					
Papier	0.70					
	4.78					
		7	397. Vacation pour se faire délivrer l'état des inscriptions. (692 c. p.)		4.50	
Salaire		2	398. Coût de l'état des inscriptions.			Chaque extrait d'inscription, ou certificat qu'il n'en existe aucune 1 f.
Papier						
		7	399. Vacation à l'examen de l'état d'inscription et à la préparation de la sommation au vendeur de l'immeuble saisi. (692 c. p.)		4.50	
Original	1.50	3	400. Sommation aux créanciers inscrits de prendre communication du cahier des charges. (692 c. p.)			Vérifier s'il y a transport.
Pour ch. copie le 1/4						
Enregistrement						
Papier						
		7	401. Vacation à la mention au bureau des hypothèques des notifications prescrites par les art. 691 et 692. (693 c. p.)		4.50	
Acte	1.00	2	402. Coût de la mention au bureau des hypothèques de ces notifications. (693 c. p.)			
Papier	0.35					
Salaire	1.00	2	403. Radiation de la saisie immobilière au bureau des hypothèques. (693 c. p.)			
Papier	0.35					

DÉTAILS.		ARTICLES DU TARIF.	DÉSIGNATION DES ACTES.	Déboursés.	Émoluments	OBSERVATIONS.
		7	404. Vacation à la publication du cahier des charges compris les dires qui pourront avoir lieu. (695 c. p.)		2.45	
		6	405. À l'huissier audiencier pour la publication du cahier des charges.	».75		
			Enregistrement de la publication.	3.30		
		11	406. Pour l'extrait qui doit être inséré dans le journal. (696 c. p.)		1.50	
Papier	0.35	11	407. Requête pour obtenir l'autorisation de faire l'insertion extraordin^{re}. (697 c. p.)	3.65	1.50	La vacation ne sera allouée qu'autant que l'autorisation aura été obtenue.
Enregistrement	3.30					
	3.65	11	408. Vacation pour faire faire l'insertion extraordinaire. (697 c. p.)		1.50	Il sera passé autant de droits à l'avoué qu'il y aura eu d'insertions prescrites par la loi.
			409. Coût de l'insertion à l'imprimeur du journal.			10 cent. la ligne.
		11	410. Vacation à la légalisation de la signature de l'imprimeur. (698 c. p.		1.50	
Papier		11	411. Extrait de la saisie qui doit être imprimé et placardé, et qui servira d'original. (699 c. p.)		4.50	Cet extrait ne peut être grossoyé. Le droit est dû par chaque nouvelle apposition de placards.
Enregistrement						
Emolument	4.50					
Impression			412. Coût des placards à l'imprimeur.			Le timbre des placards ne passera en taxe que sur un certificat délivré par le président de la chambre des avoués, constatant que le nombre des exemplaires a été vérifié par lui.
Papier						Le salaire de l'afficheur se trouve compris dans l'émolument de 6 fr. alloué à l'huissier.
Original	6.00	4	413. Procès-verbal d'apposition des placards. (699 c. p.)	9.30		
Papier	0.35					
Enregistrement	2.20					
Visa	0.75					
	9.30	11	414. Vacation au jugement de remise.		4.90	
			Enregistrement du jugement de remise.	3.30		
			Dans le cas de remise il y a lieu, a de nouvelles insertions et à de nouveaux placards. (vide suprà *les art.* 406 *et suivants.*			
		11	415. Assistance de l'avoué à l'adjudication.		12. »	Ce droit est dû par chaque lot adjugé, sans pouvoir être exigé sur un nombre de lots supérieur à six.
		11	416. La remise proportionnelle sur le prix des biens dont l'adjudication est faite au-dessus de 2000 f. est de			
			2000 à 10000 f. 1 p. 0/0			
			10000 à 50000 f. 1/2 p. 0/0			
			50000 à 100000 f. 1/4 p. 0/0			
			de plus de 100000 f. 1/8 p. 0/0			

DÉTAILS.	ARTICLES DU TARIF.	DÉSIGNATION DES ACTES.	Déboursés	Émoluments	OBSERVATIONS.
	6	417. Droits des huissiers audienciers à l'adjudication.	3.75		Ce droit est dû par chaque lot adjugé, sans pouvoir être exigé sur un nombre de lots supérieur à six. — Ce droit est dû lors même qu'il n'y aurait pas d'adjudication.
		418. Coût du jugement d'adjudication.			
Papier Copie par rôle 0.25 Enregistrement pour l'huissier 1.50 Copie le quart	3	419. Signification de ce jugement. (716 c. p.)			Vérifier s'il y a transport.
	2	420. Salaire du conservateur pour la mention du jugement. (716 c. p.)	1. »		
	7	421. Vacation à la mention du jugement en marge de la transcription de la saisie. (716 c. p.)		4.50	
Papier Copie par rôle 0.25 Enregistrement Huissier 1.50 Copie le quart		422. Notification au greffe de la demande en résolution. (717 c. p.)			
		SURENCHÈRE DANS LA HUITAINE.			
	12 or. 10 9bre 1841.	423. Vacation de l'avoué pour faire au greffe la surenchère. (709 c. p.)		11.25	
3 droits d'huissiers. 0.75 Enregistrement 1.65 Papier 1.40 —— 3.80 Original 0.75 3 copies. 0.57 —— 1.32	12	424. Acte de la dénonciation de la surenchère aux avoués de l'adjudicataire, du poursuivant et de la partie saisie : ledit acte contenant avenir à la prochaine audience. (709 c. p.) Vide suprà *pour la notification du jugement, l'insertion, les placards et l'adjudication.*	3.80	1.32	Cette dénonciation ne doit pas être faite à la partie saisie, si elle n'a pas d'avoué en cause. Le droit de remise proportionnelle sur l'excédent produit par la surenchère sera alloué à l'avoué qui l'aura poursuivie.
		VACATIONS DES AVOUÉS POUR LES ADJUDICATIONS EN JUSTICE.			
	11	425. Vacation pour enchérir. (706 c. p.)		5.63	
	11	426. Vacation pour enchérir et se rendre adjudicataire. (707 c. p.)		11.25	
	11	427. Vacation pour faire la déclaration de command.		4.50	

CHAPITRE XXXI.

Correspondant au titre 13 du livre V,
1re partie.

DES INCIDENTS SUR LA POURSUITE DE SAISIE IMMOBILIÈRE.

§ 1er.

Toutes demandes incidentes telles

DÉTAILS.	ARTICLES DU TARIF.	DÉSIGNATION DES ACTES.	Déboursés	Émoluments	OBSERVATIONS.
		que celles en réunion de saisies de biens différents (719), en subrogation (722), en nullité (729), etc etc., seront jugées comme affaires sommaires et ne pourront donner lieu à d'autres droits, que ceux établis pour les matières sommaires. (art. 17 de l'ordonnance du 10 octobre 1841.)			
		Les copies de pièces qui appartiendront à l'avoué, seront taxées 25 c. à raison du rôle de 25 lignes à la page et de 12 syllabes à la ligne.			
Papier 0.70 Enregistrement 0.55 Huissier 0.25 1.50 Original 2.25 Copie 0.57 2.82	7	428. Pour l'acte de la dénonciation de la plus ample saisie au 1er saisissant, avec sommation de se mettre en état. (720 c. p.)	1.50	2.82	
		§ II. DEMANDE A FIN DE DISTRACTION.			
	7	429. Vacation pour déposer au greffe les titres justificatifs de la demande en distraction d'objets immobiliers saisis. (726 c. p.)		2.45	Il n'est rien dû à l'avoué adverse pour en prendre communication.
Papier Enregistrement Huissier 1.50 Par ch. copie le 1/4	3	430. Exploit contenant demandé en distraction contre la partie qui n'a pas d'avoué en cause. (725 c. p.)			
Copie des titr. p rôle 0.25 Papier Enregistrement Huissiers 0.25	70	431. Demande en distraction contre la partie ayant un avoué.		».95	
Acte de demande 0.75 Copie 0.19 0.94					
		Si la demande donne lieu à une discussion sérieuse sur le droit de propriété de l'objet réclamé, les dépens peuvent être taxés en matière ordinaire, la requête peut être grossoyée et donner lieu au droit de 1.50 par rôle. (art. 17 de l'ordonnance du 10 octobre 1841.)			
		§ III. FOLLE-ENCHÈRE.			
	12	432. Vacation pour requérir le certificat du greffier, constatant que l'adjudicataire n'a pas justifié de l'acquit des conditions de l'adjudication. (734 c. p.)		2.25	

DÉTAILS.	ARTICLES DU TARIF.	DÉSIGNATION DES ACTES.	Déboursés.	Émoluments	OBSERVATIONS.
		433. Coût du certificat.			
		Les émoluments des avoués pour le dépôt de l'acte tenant lieu du cahier des charges, pour les extraits à placarder ou à insérer dans les journaux, pour enchérir, se rendre adjudicataire et faire la déclaration de command par suite de la surenchère autorisée par l'art. 708 ou de la folle enchère, seront taxés comme pour la saisie immobilière, vide art. 394 et suivants suprà.			
		Le droit de remise proportionnelle sur l'excédent produit par la folle-enchère, sera alloué à l'avoué qui l'a poursuivie. (art. 12 de l'ordonnance du 10 octobre 1841 contenant tarif.)			
		§ IV. **DEMANDE EN CONVERSION.**			
Papier Enregistrement	2.20	7 — 434. Requête, sur le consentement de toutes les parties intéressées, pour demander que l'immeuble saisi soit vendu aux enchères par devant notaire ou en justice.			Non grossoyée ni signifiée.
		A chaque avoué signataire de la re-requête. (743, 744, 745 c. p.)		4.50	
	7	435. Vacation à la mention sommaire du jugement de conversion en marge de la transcription de la saisie. (748 c. p.)		4.50	
	2	436. Au conservateur des hypothèques pour la mention du jugement.	1. »		
		Tous les autres droits et actes qui sont la suite de la conversion sont taxés ainsi qu'il sera dit au chapitre de la vente des biens immeubles.			

CHAPITRE XXXII.

Correspondant au titre 14 du livre V,

1re partie.

DE L'ORDRE.

DÉTAILS.	ARTICLES DU TARIF.	DÉSIGNATION DES ACTES.	Déboursés.	Émoluments	OBSERVATIONS.
		437. Extrait des inscriptions délivré par le conservateur d. hypothèques. (752 c. p.)			
	131	438. Vacation pour se faire délivrer l'état des inscriptions.		4.50	

DÉTAILS.	ARTICLES DU TARIF.	DÉSIGNATION DES ACTES.	Déboursés.	Émoluments	OBSERVATIONS.
	130	439. Vacation pour requérir sur le registre tenu au greffe, la nomination d'un juge commissaire pour procéder a l'ordre, et droits du greffe. (751 c. p.)	».75	4.50	Si deux ou plusieurs avoués se présentent en même temps au greffe pour faire la même réquisition, ils se retireront sur le champ, sans sommation, devant le président qui décidera.
		440. Procès-verbal d'ouverture d'ordre devant le juge-commissaire.	6.60		
Papier 0.35 Emolument 2.25	131	441. Requête au juge-commissaire à l'effet d'obtenir son ordonnance, portant que les créanciers inscrits seront tenus de produire, et vacation pour se faire délivrer l'ordonnance. (752 c. p.)	».35	2.25	
Papier Enregistrement Droit des huissiers à raison de 25 c. par chaque avoué	132	442. Sommation d'avoué à avoué aux créanciers inscrits, qui en ont constitué, de produire dans le mois. (753 c. p.)			
Original 0.75 Pour chaque copie. 0.19					
Papier Enregistrement Original 1.50 Par ch. copie le 1/4	29	443. Sommation faite aux domiciles élus.			
Par rôle 0.25	72	Copie des requête et ordonnance.			
	133	444. Acte de production des titres contenant demande en collocation et constitution d'avoué, y compris la vacation pour produire. (754 c. p.)		15.15	
Papier Enregistrement Droits des huissiers audienciers.	134	445. Dénonciation par acte d'avoué à avoué aux créanciers produisants et à la partie saisie, de la confection de l'état de collocation, avec sommation d'en prendre communication, et de contredire, dans le mois. (755 c. p.)			Le procès-verbal ne sera ni levé ni signifié, et il ne sera enregistré que lors de la délivrance des mandements.
Original de l'acte. 2.23 Pour chaque copie. 0.57					
	135	446. Vacation pour prendre communication des productions et contredire.(756 c. p.)		7.50	
	135	447. Demi-vacation à l'avoué poursuivant par chaque production pour en prendre communication et contredire s'il y a lieu.		3.75	
Papier Enregistrement Droits des huissiers audienciers.	136	448. Acte de dénonciation aux créanciers inscrits et à la partie saisie, des productions faites tardivement, et sommation d'en prendre communication et de contredire. (757 c. p.)			
Original de l'acte. 2.23 Pour chaque copie 0.57					

DÉTAILS.	ARTICLES DU TARIF.	DÉSIGNATION DES ACTES.	Déboursés	Émoluments	OBSERVATIONS.
Papier 0.35		449. Etat des frais de poursuite d'ordre, pour être employés par privilége. (759 c. p.)			*Vide* le décret du 10 février 1807, sur la liquidation des dépens. La taxe des frais doit toujours être faite en matière sommaire, arrêts de cassation des 4 avril 1837 et 8 février 1843. v. Dalloz, 37. 1. 201. et 43. 1. 105.
	137	450. Vacation pour faire rayer une ou plusieurs inscriptions. (759 c. p.) Coût des certificats de radiation.		4.50	
	137	451. Vacation pour requérir et se faire délivrer le mandement ou bordereau de collocation.		3.75	Le procès-verbal du juge-commissaire ne sera ni levé ni signifié.
		452. Coût du bordereau.			
Papier Enregistrement Original 1.50 Copie 0.38	29	453. Acte de signification du bordereau à l'acquéreur.			
Par rôle 0.25	89	Par chaque rôle d'expédition du bordereau.			
		DEMANDE EN SUBROGATION A LA POURSUITE D'ORDRE.			
	138	454. Requête pour demander la subrogation à la poursuite d'ordre. (779 c. p.)		2.25	Elle ne peut-être grossoyée.
	139	455. Vacation pour la faire insérer au procès-verbal du juge-commissaire.		1.15	
Papier Enregistrement Huissier	139	456. Signification de la requête au poursuivant par acte d'avoué à avoué.		».94	
Original 0.75 Copie le quart 0.19 ——— 0.94					
Par rôle évalué. 0.25		Copie de la requête.			
Papier Enregistrement Huissiers	139	457. Acte servant de réponse.		».94	
Original 0.75 Copie le quart 0.19 ——— 0.94					
		458. Coût du jugement.			
Papier Enregistrement Droits des huissiers.	152	459. Signification du jugement de subrogation aux avoués des créanciers produisants et de la partie saisie.			
25 c. par rôle.	89	Copie du jugement.			

DÉTAILS.	ARTICLES DU TARIF	DÉSIGNATION DES ACTES.	Déboursés	Émoluments	OBSERVATIONS.
		En cas de contestation l'audience sera poursuivie par la partie la plus diligente, sur simple acte d'avoué à avoué. (761 c. p.) *Le surplus des dépens sera taxé en matière sommaire.*			La taxe doit être faite comme en matière sommaire, arrêt de cass. du 4 avril 1837, 1. 201. 37. Dalloz. Et par ce motif l'acte d'avoué à avoué ne doit pas figurer dans les dépens quant à l'émolument. *Vide* arr. cass. 8 février 1848. Dalloz, 43. 1. 105.

CHAPITRE XXXIII.

Correspondant au titre 15 du livre V,

1re partie.

DE L'EMPRISONNEMENT.

DÉTAILS.	ARTICLES DU TARIF	DÉSIGNATION DES ACTES.	Déboursés	Émoluments	OBSERVATIONS.
Papier 0.35 Enregistrement 3.30 —— 3.65	76	460. Requête au président du tribunal pour faire commettre un huissier à l'effet de signifier le jugement prononçant la contrainte par corps. (780 c. p.)	3.65	1.50	
Papier Enregistrement Original 2.00 Copie 0.50 Copie du jugement 2.00	1er de l'ar. du 24 mars 1849.	461. Signification du jugement de la requête et de l'ordonnance avec commandement. (780 c. p.)			Les art. 51. 52. 53. 54. 55. 56. 57 et 58 du tarif du 16 février 1807, ont été abrogés par l'arrêté du 24 mars 1849. Le droit de copie du jugement n'est que de 2 fr. même dans le cas où la signification et le commandements seraient faits par actes séparés.
	4 id.	462. A l'huissier pour rédaction du pouvoir spécial. (556 c. p.)	1. »		
	2 id.	463. Vacation pour obtenir l'ordonnance du juge de paix à l'effet par lui de se transporter dans le lieu où se trouve le débiteur. (781 c. p.)	2. »		Il n'est dû aucune vacation au juge de paix, loi du 21 juin 1843.
	2 id.	464. Procès-verbal d'emprisonnement, y compris l'assistance de deux recors et l'écrou. (783 c. p.)	30. »		Ce droit est alloué en considération de toutes les démarches, même pour perquisition infructueuse.
	2 id.	465. Vacation de l'huissier en référé, si le débiteur arrêté le requiert. (786 c. p.)	5. »		
	2 id.	466. Copie du procès-verbal d'emprisonnement et de l'écrou, le tout ensemble. (789 c. p.)	2. »		Plus le papier.
20 c. par rôle d'expédition.	56	467. Transcription par le gardien ou geolier du jugement portant contrainte par corps. (790 c. p.)			Ce droit est supprimé par l'art. 5 de l'arrêté du 24 mars 1849.

DÉTAILS.		ARTICLES DU TARIF.	DÉSIGNATION DES ACTES.	Déboursés.	Émoluments.	OBSERVATIONS.
		2 de l'ar. du 24 mars 1849.	468. Recommandation par l'huissier d'un débiteur emprisonné, sans assistance de recors. (792, 793 c. p.)	3. »		Plus les déboursés.
		2 id.	Copie du procès-verbal de recommandation au débiteur et au gardien, par chaque copie.	». 75		
Papier	0.35	77	469. Requête pour avoir permission d'assigner, si le débiteur demande ou la nullité de l'emprisonnement, ou sa liberté dans tous les cas prévus par l'art. 800 du code. (794, 795 et 800 c. p..)	3.65	2.25	
Enregistrement	3.30					
	3.65					
		77	470. Requête pour assigner le gardien qui refuse de recevoir la consignation de la dette. (802 c. p.)	3.65	2.25	
Papier		29	471. Assignation à bref délai avec copie des requête et ordonnance par l'huissier commis. (795 c. p.)			
Enregistrement						
Original	1.50					
Copie	0.38					
Copie de pièces par rôle évalué	0.25					
		90	472. Vacation de l'avoué pour communiquer au ministère public. (795 c. p.)		1.15	
			Voy. pour la suite de la procédure jusqu'au jugement, les n°s 55 et suiv.			
Papier		1er de l'ar. du 24 mars 1849.	473. Signification du jugement qui déclare l'emprisonnement nul et ordonne la mise en liberté du débiteur.			
Enregistrement						
Original	2.00					
Copie au geolier ou au gardien	0.50					
Papier	0.35	77	474. Requête pour demander la liberté faute de consignation d'aliments. (803 c. p.)	3.65	2.25	
Enregistrement	3.30					
	3.65					

<hr>

CHAPITRE XXXIV.

Correspondant au titre 16 du livre V,
1re partie.

—

DES RÉFÉRÉS.

—

DÉTAILS.		ARTICLES DU TARIF.	DÉSIGNATION DES ACTES.	Déboursés.	Émoluments.	OBSERVATIONS.
Papier	0.35	76	475. Requête afin d'assigner extraordinairement en référé. (808 c. p.)	3.65	1.50	
Enregistrement	3.30					
	3.65					
Papier		29	476. Coût de l'assignation. (807 et 808 c.p.)			
Enregistrement	2.20					
Original	1.50					
Copie	0.38					
Par rôle	0.25	72	Copie des requête et ordonnance par rôle évalué.			

DÉTAILS.	ARTICLES DU TARIF.	DÉSIGNATION DES ACTES.	Déboursés.	Émoluments.	OBSERVATIONS.
	93	477. Vacation en référé.			
		S'il est par défaut.		2.25	
		S'il est contradictoire.		3.75	
		478. Coût de l'ordonnance.			
	29	479. Signification de l'ordonnance à domicile.			
Par rôle 0.25		Copie de l'ordonnance.			

CHAPITRE XXXV.

Correspondant au titre 1er du livre I er ,
2e partie.

OFFRES DE PAIEMENT ET CONSIGNATION.

DÉTAILS.	ARTICLES DU TARIF.	DÉSIGNATION DES ACTES.	Déboursés.	Émoluments.	OBSERVATIONS.
Original 2.25 Copie 0.57 Papier Enregistrement	59	480. Original d'un procès-verbal d'offres contenant le refus ou l'acceptation du créancier. (813 c. p.)			
Original 1.50 Copie 0.38 Papier Enregistrement 2.20	29	481. Sommation d'être présent à la consignation de la somme offerte. (1259 code civil.)			
Original 4.00 2 Copies 2.00 Enregistrement 2.20 Papier	60	482. Procès-verbal de consignation de la somme offerte, copie au dépositaire et copie au créancier.			Si le créancier n'est pas présent, il n'est besoin que d'une seule copie, et dans ce cas il faut lui notifier le procès-verbal de consignation.
Original 1.50 Copie 0.38 Papier 0.70 Enregistrement 2.20 ——— 4.78	29	483. Sommation aux créanciers d'enlever le corps certain qui doit être livré au lieu où il se trouve. (1264 code civil.) *S'il y a lieu de déposer le corps certain dans un autre lieu que celui où il est placé, il convient d'agir par voie de référé. Vide le chapitre des référés.*	4.78		
Original 1.50 Copie 0.38 Papier Enregistrement	29	484. Pour l'exploit de demande en validité d'offres. *S'il y a contestation le surplus des actes de la procédure doit être taxé en matière ordinaire ou sommaire, suivant la nature de l'affaire.*			
Papier Huissier et enregist. 0.80	75	485. Requête sur la demande en validité ou nullité d'offres réelles, en matière ordinaire.			
Original par rôle 1.50 Copie idem. 0.38	75	Pour la requête en réponse. *idem.*			

DÉTAILS.	ARTICLES DU TARIF.	DÉSIGNATION DES ACTES.	Déboursés	Émoluments	OBSERVATIONS.
		CHAPITRE XXXVI.			
		Correspondant au titre 2 du livre 1er, *2e partie.*			
		DE LA SAISIE-GAGERIE ET DE LA SAISIE-ARRÊT SUR DÉBITEURS-FORAINS.			
Original 1.50 Copie 0.38 Papier 0.70 Enregistrement 2.20 —— 4.78	29	486. Commandement qui doit précéder la saisie-gagerie. (819 c. p.)	4.78		
Papier 0.35 Enregistrement 3.30 —— 3.65	76	487. Requête à fin de saisir-gager ou de saisir les effets d'un débiteur forain. (819 et 822 c. p.)	3.65	1.50	
	61	*Les procès-verbaux de saisie-gagerie sur locataires et fermiers, et ceux de saisie des effets du débiteur forain, seront taxés comme ceux de saisie-exécution, ainsi que tout le reste de la poursuite. Vide n° 309 et suivants.*			
Original 1.50 Copie 0.38 Enregistrement 2.20 Papier 0.70 —— 4.78		488. Assignation en validité de saisie-gagerie, ou des effets du débiteur forain. (824 c. p.) *Le reste de la procédure, jusques et y compris le jugement définitif, ainsi que les poursuites ultérieures , comme en matière sommaire et de saisie-exécution.*	4.78		
		CHAPITRE XXXVII.			
		Correspondant au titre 3 du livre 1er, *2e partie.*			
		SAISIE-REVENDICATION.			
Papier 0.35 Enregistrement 3.30 —— 3.65	77	489. Requête pour demander la permission de saisir-revendiquer, contenant la désignation des effets. (826 et 827 c. p.)	3.65	2.25	
Original 4.00 Copie 1.00 Papier 0.70 Enregistrement 2.20	62	490. Procès-verbal tendant à saisie revendication, contenant assignation en référé, s'il y a refus de portes, ou opposition, y compris les témoins. (829 c. p.) Vacation et ordonnance sur référé. (*Vide* n°s 475 et suivants aux référés.)			

DÉTAILS.	ARTICLES DU TARIF.	DÉSIGNATION DES ACTES.	Déboursés.	Émolumens	OBSERVATIONS.
	62	491. Procès-verbal de saisie-revendication, comme celui de saisie-exécution. (830 c. p.) *Vide suprà* art. 309 et suiv.)			
Original 1.50 Copie 0.38 Papier Enregistrement 2.20	29	492. Assignation en validité de la saisie-revendication. (831 c. p.) *Le surplus de la procédure, sur la demande en validité, est taxé en matière sommaire.*			

CHAPITRE XXXVIII.

Correspondant au titre 4 du livre 1er, 2e partie.

DE LA SURENCHÈRE SUR ALIÉNATION VOLONTAIRE.

§ Ier.
FRAIS EXTRAORDINAIRES DE TRANSCRIPTION ET NOTIFICATION.

DÉTAILS.	ARTICLES DU TARIF.	DÉSIGNATION DES ACTES.	Déboursés.	Émolumens	OBSERVATIONS.
Papier 0.35 Enregistrement 3.30 3.65	76	493. Requête afin de faire commettre un huissier pour notifier le titre du nouveau propriétaire aux créanciers inscrits. (832 c. p.)	3.65	1.50	Art. 8 de l'ordonnance du 10 octobre 1841.
	143	494. Composition de l'extrait de l'acte de mutation. (2183 code civil.) Et pour chaque inscription extraite.		11.75 ».75	
Original 1.50 Copie le quart Enregistrement Papier	29	495. Notification de l'acte de mutation et du tableau des inscriptions, aux créanciers inscrits. (2183 code civil.)			Evaluer le nombre des rôles de l'extrait de mutation et du tableau des inscriptions, ainsi que des requête et ordonnance. Les copies seront taxées à raison de 25 c. le rôle *Vide infrà* la manière de calculer les rôles.

§ II.
FRAIS DE PURGE D'HYPOTHÈQUE LÉGALE.

DÉTAILS.	ARTICLES DU TARIF.	DÉSIGNATION DES ACTES.	Déboursés.	Émolumens	OBSERVATIONS.
25 c. par rôle.	72	496. Copie collationnée de l'acte de mutation, pour être déposée au greffe du tribunal. (2194 code civil.)			Si l'acte de mutation est une expédition de notaire, les rôles doivent être évalués. *Vide infrà* la manière de calculer les rôles.
		497. Vacation au dépôt au greffe de la copie collationnée.		2.45	Comme pour déposer le cahier des charges. Art 110 du tarif et 11 de l'ordonnance du 10 octobre 1841.
		498. Coût de l'acte de dépôt.			
	29	499. Signification de l'acte de dépôt à la femme, au subrogé-tuteur et au ministère public.			Taxer comme les exploits ordinaires, suivant le nombre des copies, et en ajoutant le droit de copie de l'acte de dépôt et le droit de visa au parquet.

DÉTAILS.	ARTICLES DU TARIF.	DÉSIGNATION DES ACTES.	Déboursés.	Émoluments.	OBSERVATIONS.
		500. Pour l'extrait de l'acte de mutation qui doit être affiché dans l'auditoire du tribunal. (2194 c. c.)		4.50	Comme l'extrait de la saisie-immobilière. Art. 104 du tarif et 11 de l'ordonnance du 10 octobre 1841.
		501. Rédaction de l'extrait qui doit être inséré au journal.		1.50	103 du tarif et art. 11 de l'ordonnance du 10 octobre 1841.
		502. Vacation à la légalisation de la signature de l'imprimeur.		1.50	Idem.
		503. Coût de l'insertion.			10 c. la ligne.
Enregistrement 2.35 Greffe 0.15 Timbre 0.35 Affiche et rep^{ré} 0.50 Légalisation 0.25 —— 3.60	90	504. Coût du certificat du greffier constatant l'affiche.	3.60		
		505. Vacation à requérir le certificat du greffier.		1.15	
		506. Id. à requérir le certificat du conservateur des hypothèques.		4.50	
		§ III. SURENCHÈRE SUR ALIÉNATION VOLONTAIRE.			
Huissier 4.00 Copie 1.00 Enregistrement 2.20 Papier ——		507. Acte contenant réquisition de mises aux enchères et adjudication publique de l'immeuble aliéné. (832 c. p.)			Art. 63 du tarif et 4 de l'ordonnance du 10 octobre 1841. L'original et la copie doivent être signés du requérant ou de son fondé de pouvoir.
		508. Vacation pour faire au greffe la soumission de la caution et déposer les titres justificatifs de sa solvabilité. Coût de l'acte de soumission et de dépôt.		2.25	Art. 8 de l'ordonnance du 10 octobre 1841.
		509. Vacation pour prendre communication des pièces justificatives.		2.25	
		Les déboursés et les droits sur le jugement sont réglés comme en matière sommaire. *Les formalités de la revente judiciaire sur surenchère étant les mêmes que celles prescrites pour la saisie immobilière, il faut reprendre les art. de cette poursuite à compter de l'apposition des placards et de l'insertion dans le journal, n°s 406 et suivants, en ajoutant les articles suivants et les plaçant dans leur ordre.*			
Original 1.50 Copie le quart Enregistrement Papier ——		510. Sommation à l'ancien et au nouveau propriétaire, et s'il y a lieu au créancier surenchérisseur, d'assister à l'adjudication. (837 c. p.)			Art. 3 de l'ordonnance du 10 octobre 1841.
		511. Vacation au greffe pour déposer l'acte d'aliénation. (837 c. p.)		2.45	Comme pour le dépôt du cahier de charges. Art. 11 de l'ordonnance.

DÉTAILS.	ARTICLES DU TARIF.	DÉSIGNATION DES ACTES.	Déboursés.	Émoluments.	OBSERVATIONS.
		CHAPITRE XXXIX. *Correspondant au titre 5 du livre Ier, 2e partie.* **DES VOIES A PRENDRE POUR AVOIR EXPÉDITION OU COPIE D'UN ACTE, OU POUR LE FAIRE RÉFORMER.** **§ 1er.**			
Papier 0. 35 Enregistrement 3. 30 — 3. 65 Emolument 5. 50	78	512. Requête à fin de permission d'assigner le notaire à bref délai afin d'avoir expédition d'un acte. (839 c. p.) *L'exploit d'assignation au notaire, et le reste de la procédure jusques et compris le jugement définitif et la signification d'icelui, comme aux matières sommaires, vide suprà n°s 1 et suivants. (839 et 840 c. p.)*	3. 65	5. 50	
		§ II.			
Papier Enregistrement 3. 30 — — Emolument 5. 50	78	513. Requête à fin d'obtenir permission de se faire délivrer copie d'un acte non enregistré ou resté imparfait. (841 c. p.) *En cas de refus de la part du notaire, il est assigné en référé devant le président, et cette procédure est taxée ainsi qu'il est dit au chapitre des référés.*		5. 50	
		§ III.			
Papier Enregistrement 3. 30 — — Emolument 5. 50	78	514. Requête a fin d'être autorisé à se faire délivrer une seconde grosse d'obligations, contrats ou jugements. (844 c. p.)		5. 50	
Papier Enregistrement 2. 20 Original 1. 50 Copie 0. 38 — Plus copie de la requête et de l'ordonnance.	29	515. Signification de l'ordonnance au notaire ou autre dépositaire, avec sommation de faire la délivrance de la seconde grosse, et aux parties intéressées d'y être présentes. (844 et 854 c. p.) *En cas de difficulté, assignation est donnée en référé devant le président, et les frais de cette procédure sont taxés ainsi qu'il est dit au chapitre des référés.*			
		§ IV. **COMPULSOIRE.**			
Papier Huissier et enregist. 0. 80 — Emolument par rôle 1. 50 Copie le quart 0. 38	75	516. Requête d'avoué à avoué à fin de compulsoire, laquelle ne pourra excéder six rôles. (847 c. p.)			

DÉTAILS.		ARTICLES DU TARIF.	DÉSIGNATION DES ACTES.	Déboursés.	Émoluments.	OBSERVATIONS.
		75	517. La réponse *idem*. *Le reste de la procédure jusques et y compris le jugement qui aura statué sur le compulsoire et la signification de ce jugement seront taxés en* matière ordinaire. *La signification du jugement, contiendra indication du jour aux parties pour être présentes au compulsoire.*			
		92	518. Vacation au compulsoire et dires au procès-verbal; par chaque vacation de trois heures. (850 c. p.) *En cas de difficulté la contestation est jugée en référé.*		4.50	
		93	519. Vacation en référé; Par défaut. Contradictoire.		2.25 3.75	
			520. Coût du procès-verbal de compulsoire, et frais de transport du dépositaire de la minute s'il y a lieu.			
			§ V.			
Papier Enregistrement 3.30		78	521. Requête au Président à fin de réformation d'un acte de l'état civil. (855 c.p.)		5.50	
Emolument 5.50		90	522. Vacation pour communiquer les pièces au ministère public.		1.15	
		29.	523. Coût du jugement. *S'il est ordonné que les parties intéressées seront appelées, la demande sera formée par exploit, sans préliminaire de conciliation, et la procédure sera suivie comme en* matière ordinaire.			
Papier Huissier et enregist. 0.80 Emolument 3.75 Copie le quart 0.94 4.69		71	524. Acte d'avoué, si les parties sont en instance, contenant demande en rectification. (856 c. p.)		4.69	
		71	525. Pour l'acte servant de réponse, *idem*. *Le reste de la procédure comme aux* matières ordinaires.			

DÉTAILS.		ARTICLES DU TARIF.	DÉSIGNATION DES ACTES.	Déboursés.	Émoluments	OBSERVATIONS.
			CHAPITRE XL.			
			Correspondant au titre 6 du livre 1er, *2e partie.*			
			DE L'ENVOI EN POSSESSION DES BIENS D'UN ABSENT.			
Papier et enreg. Emolument	5.50	78	526. Requête à l'effet de faire pourvoir à l'administration des biens d'une personne présumée absente. (859 c. p. et 112 c. c.)		5.50	
Papier Enregistrement	3.30	77	527. Requête pour faire commettre un notaire à l'effet de représenter les absents présumés, dans les inventaires, comptes, partages et liquidations dans lesquels ils sont intéressés. (113 c. c. et 928, 931 c. p.)			
Emolument	2.25				2.25	
		78	528. Requête pour avoir permission de faire enquête pour constater l'absence. (115 et 116 c. c.)		5.50	
			529. Coût du jugement.			
Papier Enregistrement	0.35 3.30	76	530. Requête au juge commis pour faire l'enquête, à l'effet d'obtenir son ordonnance pour faire assigner les témoins.	3.65	1.50	
	3.65		*Pour la suite de l'enquête, voyez le chapitre des enquêtes nos 174 et suiv.*			
Papier Enregistrement	3.30	78	531. Requête à fin d'envoi en possession provisoire des biens d'un absent. (860 c. p. et 120 c. c.)			
Emolument	5.50				5.50	
			532. Coût du jugement.			
			Voyez le chapitre des réceptions de caution nos 262 et suiv. pour la fixation des droits auxquels donne lieu la présentation de caution exigée par l'art. 120 du code civil.			
			ENVOI EN POSSESSION DE SUCCESSION IRRÉGULIÈRE.			
Papier Enregistrement	3.30		533. Requête à fin d'envoi en possession d'une succession irrégulière. (770 c. c.)		5.50	Par analogie art. 78.
			534. Original du placard annonçant la demande. (770 c. c.)		4.50	Par analogie avec les placards de la saisie-immobilière.

DÉTAILS.	ARTICLES DU TARIF.	DÉSIGNATION DES ACTES.	Déboursés	Émoluments	OBSERVATIONS.
		535. Procès-verbaux d'apposition d'affiches réitérés trois fois de trois mois en trois mois.			Circulaire du grand juge du 8 juillet 1806. Le procès-verbal doit être réglé par l'afficheur, et certifié par le maire.
		536. Extrait pour insérer dans le journal.		1.50	L'insertion doit avoir lieu de trois en trois mois. Le droit est dû à chaque insertion.
		537. Coût de l'insertion.			
		538. Vacation à la légalisation de la signature de l'imprimeur.		1.50	
		539. Coût du jugement d'envoi en possession.			

CHAPITRE XLI.

Correspondant au titre 7 du livre 1er,
2e partie.

AUTORISATION DE LA FEMME MARIÉE.

DÉTAILS.	ARTICLES DU TARIF.	DÉSIGNATION DES ACTES.	Déboursés	Émoluments	OBSERVATIONS.
Papier Enregistrement 2.20 Original 1.50 Copie 0.38		540. Sommation à la requête de la femme à son mari de l'autoriser (861 c. p.)			
Papier Enregistrement 3.30	78	541. Requête à fin d'obtenir la permission de citer le mari.		5.50	
Timbre Original 1.50 Copie 0.38 Enregistrement 2.20 Copie de la requête	20	542. Citation au mari. (861 c. p.)			
		543. Coût du jugement.			
Papier Enregistrement 3.30	78	544. Requête de la femme, en cas d'absence présumée ou déclarée du mari, ou en cas d'interdiction, pour se faire autoriser. (863, 864 c. p.)		5.50	
Émolument 5.50		545. Coût du jugement.			

CHAPITRE XLII.

Correspondant au titre 8 du livre 1er,
2e partie.

DE LA SÉPARATION DE BIENS.

DÉTAILS.	ARTICLES DU TARIF.	DÉSIGNATION DES ACTES.	Déboursés	Émoluments	OBSERVATIONS.
Papier Enregistrement 3.30	78	546. Requête de la femme à fin d'autorisation pour se pourvoir en séparation de biens. (865 c. p.)		5.50	
Émolument 5.50					

DÉTAILS.	ARTICLES DU TARIF.	DÉSIGNATION DES ACTES.	Déboursés.	Émoluments.	OBSERVATIONS.
	29	547. Exploit de demande en séparations de biens. Plus copie de l'ordonnance.(865 c.p.)			
Coûts d. dépôts aux greffes. ——— Enreg^t de la minute 3.30 Droit de rédaction 1.25 Timbre et remise au greffe 0.45 Timb. de l'expédition 1.25 Enregist. id. 1.60 Remise au greffe 0.60 ——— 8.45 Dépôt en la cham^e d. avoués. ——— Timbre minute 0.35 Rédaction 1.25 Enregistrement 1.10 Timbre d'expédition 1.25 Rôle id. 1.30 ——— 5.45 Dépôt en la cham^e d. not^res. ——— Dépôt 1.25 Certificat 1.25 Enregistrement 1.10 Timbre 0.35 ——— 3.95	92	548. Vacation pour faire et remettre l'extrait de la demande en séparation de biens qui doit être inséré dans les tableaux de l'auditoire du tribunal où se poursuit la séparation et du tribunal de commerce, des chambres des avoués et des notaires et le faire insérer dans le journal, le tout ensemble. (866, 867 et 868 c. p.) Certificats desdites insertions.		4.50	
		549. Coût de l'insertion dans le journal.			
		550. Vacation à faire légaliser la signature de l'imprimeur. *Les droits et la procédure se règlent comme en* matière ordinaire. (Voy. le titre des matières ordinaires.)		1.50	
Papier 0.70 Huissier 0.80 ——— 1.50 Original 0.75 Copie 0.19 ——— 0.94	70	551. Sommation à la requête des créanciers du mari, à l'avoué de la femme poursuivant sa séparation de biens, de leur communiquer la demande et les pièces justificatives. (871 c. p.)	1.50	».94	
Par rôle 1.50 Copie par rôle 0.38	75	552. Requête d'intervention des créanciers du mari dans la demande en séparation.			Comme les requêtes de défense en matière ordinaire, vid. n° 53.
	75	553. Réponse *idem.* *Le surplus de la procédure se règle en* matière ordinaire.			
	91	554. Assistance de l'avoué à la renonciation de la femme à la communauté.(874 c.p.)		2.25	
		555. Coût de la renonciation.			
	92	556. Vacation pour faire insérer l'extrait du jugement qui aura prononcé la séparation de biens dans les tableaux indiqués au n° 548 et dans le journal; le tout ensemble		4.50	

DÉTAILS.	ARTICLES DU TARIF.	DÉSIGNATION DES ACTES.	Déboursés.	Émoluments.	OBSERVATIONS.
		557. Vacation à faire légaliser la signature de l'imprimeur du journal.		1.50	
		558. Coût des insertions. Voy. le n° 548.			
Enreg.^t de la publicat. 3.30 Rédaction 0.50 Timbre 0.25 ——— 4.05		559. Publication du jugement de séparation de biens à l'audience du tribunal de commerce. (872 c. p.)	4.05		‡ Le droit d'enregistrement est réglé par une instruction du garde des sceaux du 8 février 1831.
Rédaction 1.00 Enregistrement 2.35 ——— 3.35		Coût du certificat de la publication.	3.35		Cette même instruction autorise à mettre ce certificat sur l'expédition du jugement.
		560. Vacation de l'avoué au dépôt du jugement au greffe du tribunal de commerce.		2.25	Ce droit n'est dû que par la partie qui a employé le ministère de l'avoué, il ne peut être réclamé à la partie adverse.
		561. A l'huissier audiencier du tribunal de commerce, pour l'appel qui précède la publication.	0.20		

<hr>

CHAPITRE XLIII.

Correspondant au titre 9 du livre Ier,
2e partie.

DE LA SÉPARATION DE CORPS.

DÉTAILS.	ARTICLES DU TARIF.	DÉSIGNATION DES ACTES.	Déboursés.	Émoluments.	OBSERVATIONS.
Papier 0.70 Enregistrement 3.30 ——— 4.00 Émolument 12.00	79	562. Requête de l'époux qui se pourvoit en séparation de corps, contenant sommairement les faits. (875 c. p.)	4. »	12. »	
Original 1.50 Copie 0.38 Enregistrement 2.20 Papier	29	563. Exploit de signification de la requête et de l'ordonnance à l'époux défendeur, avec sommation de comparaître devant le président. (876 c. p.)			
Copie de la requête et de l'ordonnance, par rôle évalué. 0.25					
Papier Enregistrement 2.20 Original 1.50 Copie 0.38		564. Enregistrement de la seconde ordonnance.	3.30		
Copie de la seconde ordon°.		565. Exploit de demande en séparation de corps. (878 c. p.)			

Le surplus de la procédure y compris l'enquête est réglé en matière ordinaire.
Les droits pour les diverses insertions du jugement de séparation dans les tableaux et journaux, se règlent comme dans la séparation de biens, aux articles 548 et suivants.

DÉTAILS.	ARTICLES DU TARIF.	DÉSIGNATION DES ACTES.	Déboursés.	Émoluments.	OBSERVATIONS.
		CHAPITRE XLIV.			
		Correspondant au titre 10 du livre Ier, *2e partie.*			
		—			
		DES AVIS DE PARENTS.			
		—			
Papier Enregistrement Original 1.25 Copie 0.32	21	566. Exploit de citation aux membres qui doivent composer le conseil de famille. (406 c. c.)			
		567. Coût du procès-verbal du conseil de famille. (416 c. c.)			
Papier Enregistrement 2.20 Original 1.25 Copie 0.32	21	568. Notification du procès-verbal du conseil de famille au tuteur nommé, dans le cas où il n'aurait pas été présent à la délibération. (882 c. p.)			
Copie du procès-verbal. Papier Enregistrement Original 1.50 Copie 0.38	29	569. Assignation en réformation de la délibération du conseil de famille. (883 c. p.)			
Copie de pièces.		*Le reste de la procédure se règle comme en matière ordinaire.*			
Papier	78	570. Requête à fin d'homologation de la délibération d'un conseil de famille. (885 c. p. et 467 c. c.)		5.50	
		571. Coût du jugement d'homologation.			
Papier 0.70 Enregistrement 2.20 Original 1.50 Copie 0.38 4.78		572. Exploit contenant opposition à l'homologation de la délibération du conseil de famille. (888 c. p.) *Exploit d'assignation en validité de l'opposition ou demande en main-levée, et le reste de la procédure comme aux matières ordinaires.*	4.78		
Papier Huissier et enregist. 0.80 Original par rôle 1.50 Copie 0.38		573. Requête d'opposition au jugement qui a homologué la délibération du conseil de famille, signifiée d'avoué à avoué. (888 c. p.) *Le reste de la procédure comme en matière ordinaire.*			

DÉTAILS.	ARTICLES DU TARIF.	DÉSIGNATION DES ACTES.	Déboursés.	Émoluments.	OBSERVATIONS.
		CHAPITRE XLV. *Correspondant au titre 11 du livre Ier, 2e partie.* DE L'INTERDICTION.			
	79	574. Requête à fin d'interdiction. (890 c. p.)		12	
		575. Coût du jugement qui ordonne la convocation du conseil de famille, et l'interrogatoire. (892 c. p.)			
Papier Enregistrement Original 1.50 Pour chaque copie. 0.38	29	576. Citation aux parents composant le conseil de famille.			
	92	577. Vacation de l'avoué pour assister à la délibération du conseil de famille.		4.50	
		578. Expédition de la délibération du conseil de famille.			
Papier Enregistrement 2.20 Original 1.50 Copie 0.38 Copie de pièces.	29	579. Signification de la requête à fin d'interdiction, de la délibération du conseil de famille et du jugement qui ordonne l'interrogatoire. (496 c. c. et 893 c. p.) *Si, sur cette signification, le défendeur constitue avoué et conteste l'interdiction, l'instruction se suit comme en matière ordinaire.*			
		580. Transport du juge-commis et du ministère public, pour procéder à l'interrogatoire du défendeur, dans le cas où il est domicilié à plus de cinq kilomètres du tribunal; Par chaque jour et pour chacun d'eux. S'ils se transportent à plus de deux myriamètres; Par chaque jour et pour chacun d'eux.	9. » 12. »		Ordonnance du 4 août 1824, et art. et art 88 et 89 du decret du 18 juin 1811.
		581. Transport du greffier, dans le même cas, à plus de 5 kilomètres; par chaque jour. A plus de deux myriamètres; par chaque jour.	6. » 8. »		Ibidem.
		582. Requête afin de faire nommer un administrateur, s'il y a lieu, après le premier interrogatoire. (497 c. c.)		5.50	Art. 78 du tarif, par analogie.

DÉTAILS.	ARTICLES DU TARIF.	DÉSIGNATION DES ACTES.	Déboursés.	Émoluments.	OBSERVATIONS.
		583. Coût du jugement qui nomme un administrateur provisoire.			
		584. Coût du jugement qui a ordonné l'enquête s'il y a lieu.			
		Le reste de la procédure sur l'enquête jusqu'à sa confection, comme au titre des enquêtes nos 176 et suivants.			
		Dans le cas où le défendeur a constitué avoué, l'enquête lui est signifiée par acte d'avoué à avoué.			
		585. Moyens et conclusions sur l'enquête.			3.75 l'original et le quart pour la copie, par analogie avec l'art. 71 du tarif, voy. le n° 184.
		586. Acte en réponse.			Idem.
		Si le défendeur n'a pas constitué d'avoué.			
Papier Enregistrement 2.20 Original 1.50 Copie 0.38	29	587. Citation à l'effet d'être présent au jugement qui doit statuer sur la demande. (498 c. c.)			
Copie de pièces.	86	588. Assistance au jugement définitif.		2.25	
		589. Coût du jugement.			
Papier Enregistrement 2.20 Original 1.50 Copie 0.38 Copie de pièces.	29	590. Signification du jugement à l'interdit.			
	92	591. Vacation à faire l'extrait du jugement prononçant l'interdiction, ou la nomination d'un conseil judiciaire, à le faire insérer dans le tableau de l'auditoire et des études des notaires et dans le journal; le tout ensemble. (501 c. c. et 897 c. p.)		4.50	Le jugement ne sera point signifié aux notaires; l'extrait en sera remis au secrétaire de leur chambre, chacun d'eux sera tenu d'en prendre note, et de l'afficher dans son étude. Pour le coût des insertions voy. le n° 548.
		La demande en main-levée de l'interdiction sera instruite dans la même forme, et taxée d'après les mêmes règles que celle à fin d'interdiction.			

CHAPITRE XLVI.

Correspondant au titre 12 du livre 1er, 2e partie.

DU BÉNÉFICE DE CESSION.

DÉTAILS.	ARTICLES DU TARIF.	DÉSIGNATION DES ACTES.	Déboursés.	Émoluments.	OBSERVATIONS.
	92	592. Vacation pour déposer au greffe le bilan, les livres et les titres actifs, s'il y en a, du débiteur qui demande à être admis au bénéfice de cession. (698 c. p.)		4.50	

DÉTAILS.		ARTICLES DU TARIF.	DÉSIGNATION DES ACTES.	Déboursés.	Émoluments.	OBSERVATIONS.
Papier Enregistrement Original Pour chaque copie.	1.50 0.38	29	593. Assignation aux créanciers à fin d'être admis au bénéfice de la cession. *Le reste de la procédure jusques et compris le jugement définitif et la signification se règle comme en matière ordinaire.*			
		92	594. Vacation à faire l'extrait du jugement et à le faire insérer au tableau du tribunal de commerce, ainsi que dans le journal. (903 c. p.)		4.50	
			595. Certificat constatant l'insertion au tribunal de commerce.			
			596. Coût de l'insertion au journal.			
			597. Vacation à faire légaliser la signature de l'imprimeur.		1.50	
Papier Enregistrement Original Pour chaque copie	1.50 0.38	29	598. Sommation aux créanciers du failli de se trouver au tribunal de commerce, pour être présents à la réitération de la cession par le débiteur en personne. (901. c. p.)			
Papier Enregistrement Émolument	2.20 5.00	65	599. Procès-verbal d'extraction du débiteur, s'il est détenu, pour réitérer sa cession au tribunal de commerce. (902 c. p.)			
Papier Enregistrement Émolument	3.00	64	600. Procès-verbal de l'huissier constatant la réitération de la cession par le débiteur, à la maison commune ; s'il n'y a pas de tribunal de commerce. (901 c. p.)			

CHAPITRE XLVII.

*Correspondant aux titres 1er, 2, 3 et 4 du liv. 2.
2e partie.*

DE L'APPOSITION ET LEVÉE DES SCELLÉS APRÈS DÉCÈS.

DÉTAILS.		ARTICLES DU TARIF.	DÉSIGNATION DES ACTES.	Déboursés.	Émoluments.	OBSERVATIONS.
Papier Enregistrement Émolument	0.35 3.30 — 3.65 5.50	78	601. Requête d'un créancier, sans titre exécutoire, pour obtenir la permission de faire apposer les scellés. (909 c. p.)	3.65	5.50	
		94	602. Toutes vacations aux scellés ou inventaires. Il est dû une vacation pour requérir une apposition de scellés. (929 c. p.)		4.50	

DÉTAILS.	ARTICLES DU TARIF.	DÉSIGNATION DES ACTES.	Débours.	Émolumens.	OBSERVATIONS.
		Une vacation à l'apposition des scellés, par trois heures. (911 c. p.)			
		Une vacation par chaque référé qui peut avoir lieu lors de l'apposition, ou lors de la levée des scellés. (916, 918, 920, 921 et 922 c. p.)			
		Une vacation pour en requérir la levée. (931 c. p.)			
		Une vacation, pour trois heures, pendant la reconnaissance et la levée. (932, 933, etc.)			
		Une vacation pour requérir la levée sans description. (640 c. p.)			
		Une vacation à la reconnaissance et levée, sans description.			
	18	603. Opposition aux scellés par déclaration au procès-verbal, droit du greffier du juge de paix. (926 c. p.)	».40		
Original 1.50 Copie 0.38 Enregistrement 2.20 Papier 0.70 Visa 0.75 ——— 5.53	29	604. Opposition aux scellés par acte extra-judiciaire. (926 c. p.)	5.53		
Papier 0.35 Enregistrement 3.30 ——— 3.65 Emolument 2.25	77	605. Requête pour faire commettre un notaire à l'effet de représenter les absents présumés, dans les inventaires, etc., dans lesquels ils sont intéressés. (928, 931 c. p.)	3.65	2.25	

CHAPITRE XLVIII.

Correspondant au titre 5 du livre II.
2e partie.

—

VENTE DU MOBILIER.

—

DÉTAILS.	ARTICLES DU TARIF.	DÉSIGNATION DES ACTES.	Débours.	Émolumens.	OBSERVATIONS.
Papier 0.35 Enregistrement 3.30 ——— 3.65 Emolument 2.25	77	606. Requête au président pour obtenir permission de vendre. (946 c. p.)	3.65	2.25	
		La vente devant avoir lieu dans les formes prescrites au titre des saisies-exécutions, les actes et les droits sont tarifés comme il est indiqué à ce titre suprà.			

DÉTAILS.	ARTICLES DU TARIF.	DÉSIGNATION DES ACTES.	Déboursés.	Émoluments	OBSERVATIONS.
		CHAPITRE XLIX. *Correspondant au titre 6 du livre II, 2e partie.* — VENTE DE BIENS IMMEUBLES. —			
		607. Expédition de la délibération du conseil de famille. (953 c. p.)			
Papier 0.35 Enregistrement 3.30 ——— 3.65 Emolument 5.50	9	608. Requête à fin d'homologation de l'avis du conseil de famille. (954 c. p.)	3.65	5.50	Les art. du tarif cités, sont ceux de l'ordonnance du 10 octobre 1841. Y compris droit de communication au ministère public, et assistance au jugement. (tarif art. 78.)
		609. Coût et expédition du jugement.			
	10	610. Indemnité aux avoués des parties dans le cas où l'expertise n'a pas lieu. (955 c. p.)		25. »	Sans préjudice de la remise proportionnelle. L'indemnité de 25 f. n'est due qu'à l'avoué poursuivant (Circulaire du garde des sceaux du 20 août 1842.)
Papier 0.35 Enregistrement 3.30 ——— 3.65	76	611. Requête au juge-commissaire pour la prestation du serment des experts. (956 c. p.)	3.65	1.50	Tarif de 1807.
		Pour la sommation aux experts, et pour les droits relatifs à l'expertise; vide suprà, au titre des rapports d'experts.			
	9	612. Vacation à prendre communication de la minute du rapport des experts.		4.50	L'avoué n'a droit à aucun frais de transport pour se rendre chez le notaire, (circulaire du garde des sceaux du 20 août 1842.)
	9	613. Vacation à prendre communication du cahier des charges		4.50	Idem.
Papier Emolument - 5.50	9	614. Requête pour demander l'entérinement du rapport.		5.50.	
		615. Jugement rendu sur requête qui homologue le rapport.			
Papier Enregistrement	11	616. Pour la grosse du cahier des charges. (957 c. p.)			Ce droit appartient au notaire, dans le cas où la vente a été renvoyée par devant notaire. (Art. 14 du tarif.)
Emolument par rôle 1.50	11	617. Vacation pour déposer au greffe le cahier des charges. (958 c. p.)		2.45	Ce droit n'est pas dû en cas de vente par devant notaire.
	1	618. Droits du greffier pour le dépôt.	15. »		
		619. Coût du dépôt.			
	11	620. Pour l'extrait qui doit être inséré dans le journal. (960 c. p.)		1.50	Il sera passé autant de droits à l'avoué qu'il y aura eu d'insertions prescrites p^r le code.

DÉTAILS.		ARTICLES DU TARIF.	DÉSIGNATION DES ACTES.	Déboursés	Émoluments	OBSERVATIONS.
Papier Enregistrement	0.35 3.30 ——— 3.65	11	621. Requête pour obtenir l'autorisation de faire l'insertion extraordinaire. (961 c.p.)	3.65	1.50	L'émolument n'est dû qu'autant que l'autorisation est obtenue.
		11	622. Vacation pour faire faire l'insertion extraordinaire. (961 c. p.)		1.50	
			623. Coût de l'insertion au journal.			10 c. par ligne.
		11	624. Vacation à la légalisation de la signature de l'imprimeur.		1.50	
Papier Enregistrement	2.20	11	625. Pour l'extrait qui doit être imprimé et placardé. (958 c. p.)		4.50	L'avoué poursuivant aura droit à cette allocation toutes les fois que de nouvelles appositions de placards auront été nécessaires.
Emolument	4.50					
Original Papier Enregistrement Visa	6.00 0.35 2.20 0.75 ——— 9.30	4	626. Procès-verbal d'apposition des placards. (959 c. p.)	9.30		Vérifier s'il y a transport.
Papier Enregistrement Original Copie	0.70 2.20 1.50 0.38 ——— 4.78	3	627. Pour l'avertissement qui doit être donné au subrogé tuteur. (962 c. p.)	4.78		Idem.
		11	628. Vacation au jugement de remise.		4.90	
			629. Coût du jugement de remise. *Dans le cas de remise il y a lieu à de nouvelles insertions, et à de nouvelles appositions de placards. (vide suprà nos 620 et suivants.)*			
		11	630. Vacation à l'adjudication.		12. »	Ce droit n'est dû qu'à l'avoué poursuivant, qui ne peut jamais réclamer qu'un seul droit fixe quelque soit le nombre des lots, en cas de renvoi devant notaire. (Circulaire du garde des sceaux du 20 août 1842.) Le droit de transport est dû aux avoués en cas de vente devant notaire. (Arrêt de cassation du 14 janvier 1845.) La vacation à l'adjudication n'est pas due aux avoués colicitants. (Arr. cass. du 11 mars 1846.)
		11	631. La remise proportionnelle est la même que celle fixée en cas de saisie immobilière; *vide* le n° 416. Mais si le tribunal n'a pas ordonné d'expertise, elle est depuis 2,000 fr. jusqu'à 10,000 de 1 1/2 p. 0/0 — de 10,000 à 100,000 de 1 p. 0/0 — de 100,000 à 300,000 de 1/2 p. 0/0 — Plus de 300,000 de 1/4 p. 0/0			
		14	632. La remise pour les notaires est : jusqu'à 10,000 de 1 p. 0/0 — de 10,000 à 50,000 de 1/2 p. 0/0			Moyennant ces allocations les notaires sont chargés de la réception des enchères et de l'adjudication; ils ne peuvent rien exiger pour les minutes de leurs procès-verbaux.

DÉTAILS.		ARTICLES DU TARIF.	DÉSIGNATION DES ACTES.	Déboursés.	Emoluments	OBSERVATIONS.
			de 50,000 à 100,000 de 1/4 p. 0/0			
			de plus de 100,000 de 1/8 p. 0/0			Lorsque la remise allouée par l'art. 631 est égale ou inférieure à celle fixée par l'art. 632, les avoués n'ont rien à réclamer.
			Lorsque la vente a lieu par-devant notaire et que l'expertise n'a pas été ordonnée, les avoués ont droit, en outre de leurs émolumens pour les actes de procédure, à la différence entre la remise allouée à l'art. 631 et celle qui vient d'être fixée.			
		6	633. Droits de l'huissier à l'adjudication.	3.75		Le droit est dû pour chaque lot, sans qu'il puisse en être compté plus de six.
Papier Emolument	3.50	9	634. Requête pour obtenir l'autorisation de vendre au-dessous de la mise à prix. (963 c. p.)		5.50	
			635. Coût du jugement.			
			En cas de surenchère les droits sont les mêmes que pour la saisie immobilière.			
			En cas de folle-enchère les droits sont aussi les mêmes.			
		12	636. Vacation pour requérir le certificat du greffier, constatant que l'adjudicataire n'a pas justifié de l'acquit des conditions de l'adjudication. (964 c. p.)		2.25	
			637. Coût du certificat.			

CHAPITRE L.

Correspondant au titre 7 du livre II,
2ᵉ partie.

DES PARTAGES ET LICITATIONS.

DÉTAILS.		ARTICLES DU TARIF.	DÉSIGNATION DES ACTES.	Déboursés.	Emoluments	OBSERVATIONS.
Original Copie Enregistrement Papier	4.50 0.38 2.20 0.70 —— 4.78	3	638. Exploit de demande afin de partage et de licitation. (966 c. p.)	4.78		Vérifier s'il y a transport. S'il y a plusieurs copies *il faut multiplier les trois derniers articles.*
		90	639. Vacation au greffe au visa de l'exploit de demande. (967 c. p.)		1.15	Tarif de 1807.
			Cette demande donne lieu à tous les actes et droits des matières ordinaires; la visite et l'estimation des immeubles font naître les droits qui sont déterminés au titre du rapport d'experts.			
Papier Enregistrement	0.35 3.30 —— 3.65	10	640. Requête à fin de remplacement du juge ou du notaire commis. (969 c. p.)	3.65	2.25	

DES PARTAGES ET LICITATIONS.

DÉTAILS.	ARTICLES DU TARIF.	DÉSIGNATION DES ACTES.	Déboursés.	Émoluments.	OBSERVATIONS.
	10	641. Vacation à prendre communication du rapport d'expertise.(971 c. p.)		4.50	
Papier Enregistrement 0.55 Huissier 0.25 ———— Emolument 8.50 Copie le quart 1.38 ———— 6.88	10	642. Acte de conclusions d'avoué à avoué pour demander l'entérinement du rapport.		6.88	
		Si les immeubles sont déclarés impartageables, la vente par licitation est ordonnée par le jugement.			
		§ Ier.			
		LICITATION.			
	10	643. Dans le cas où l'expertise n'a pas lieu pour fixer la mise à prix, il est accordé aux avoués.		25. »	Ce droit n'est dû qu'à l'avoué poursuivant. (Circulaire du garde des sceaux du 20 août 1842.)
Papier Enregistrement Emolument par rôle 1.50	11	644. Pour la grosse du cahier des charges. (972 c. p.)			En cas de vente par devant notaire ce droit lui appartient. (14.)
	11	645. Vacation pour déposer au greffe le cahier des charges. (973 c. p.)		2.45	En cas de vente par devant notaire ce droit n'est pas dû.
Papier Droit	1	646. Au greffier pour le dépôt.			Ce droit est de 12 f. si l'expertise a été ordonnée, et de 15 f. si elle ne l'a pas été.
Papier 0.70 Enregistrement 0.55 Huissier 0.25 ———— 1.50 Emolument 0.75 Copie 0.19 ———— 0.94	10	647. Sommation de prendre communication du cahier des charges (973 c. p.)	1.50	».94	
	10	648. Vacation à prendre communication au greffe du cahier des charges, par chaque avoué collicitant. Et en l'étude du notaire pour l'avoué poursuivant et pour chaque avoué collicitant.(973 c. p) *Les autres droits sont les mêmes que ceux pour les ventes d'immeubles.* (vide titre XLIX qui précède.)		4.50	Il n'est dû aucun droit de transport pour les avoués. (Circulaire du garde des sceaux du 20 août 1842.)
	11	649. Vacation au jugement de remise.		4.90	
		650. Coût du jugement qui ordonne la remise.			
Papier Enregistrement 0.55 Huissier 0.25 ———— Emolument 8.50 Copie le quart 1.38 ———— 6.88	10	651. Acte de conclusions d'avoué à avoué pour obtenir l'autorisation de vendre au-dessous de la mise à prix.(973 c. p.)		6.88	Suivant le nombre des copies.

DÉTAILS.		ARTICLES DU TARIF.	DÉSIGNATION DES ACTES.	Déboursés.	Émoluments	OBSERVATIONS.
		11	652. La remise proportionnelle appartient pour moitié à l'avoué poursuivant,			La vacation à l'adjudication n'est due qu'à l'avoué poursuivant, elle n'est pas due aux avoués colicitants. (arr. cass. du 11 mars 1846.)
			Tous les autres avoués occupés dans la licitation, y compris l'avoué poursuivant, se partagent l'autre moitié.			
			§ II.			
			PARTAGE.			
			Les immeubles étant reconnus partageables, il est procédé comme il est dit aux articles 975 et suivants du code de procédure civile.			
		10	653. Dans le cas où l'expertise n'a pas lieu pour l'estimation et la composition des lots, il est accordé aux avoués.		25. »	
			Si le juge retient l'opération :			
Papier	0.35	76	654. Requête au juge-commissaire à l'effet de requérir son ordonnance pour fixer le jour du tirage au sort. (975 c. p.)	3.65	1.50	Tarif de 1807.
Enregistrement	3.30					
	3.65					
Huissier		70	655. Signification aux co-partageants, avec sommation de participer au tirage au sort, par acte d'avoué à avoué, à l'égard de ceux qui en ont constitué.			Idem.
Enregistrement						
Papier						
Original	0.75					
Copie	0.19					
Copie de la requête et de l'ordonnance						
Papier		29	Et par acte d'huissier, à l'égard de ceux qui n'ont pas d'avoué.			Vérifier s'il y a transport.
Enregistrement						
Original	1.50					
Copie	0.38					
Copie de la requête et de l'ordonnance						
		92	656. Vacation de l'avoué poursuivant et de chacun des avoués co-partageants à l'opération du partage, par chaque vacation de trois heures. (975, 982 c. p.)		4.50	
			657. Expédition du procès-verbal et de l'ordonnance du juge-commissaire portant délivrance des lots.			
			Si le partage a lieu pardevant le notaire :			
Huissier		70	658. Sommation aux co-partageants d'avoir à se trouver en l'étude du notaire pour assister à la clôture du procès-verbal et au tirage au sort, par acte d'avoué à avoué pour ceux qui en ont constitué. (980 c. p.)			Tarif de 1807.
Enregistrement						
Papier						
Original	0.75					
Copie	0.19					

DÉTAILS.	ARTICLES DU TARIF.	DÉSIGNATION DES ACTES.	Déboursés.	Émoluments.	OBSERVATIONS.
Papier Enregistrement Original 1.50 Copie 0.38	29	Et par acte d'huissier, à l'égard de ceux qui n'ont pas d'avoué.			
		659. Vacation de l'avoué poursuivant et de chacun des avoués co-partageants à l'opération du partage, par chaque vacation de trois heures.		4.50	Le montant de ce droit n'entre point dans les frais de partage, il reste à la charge de la partie qui s'est fait assister d'un conseil. (art. 977 du code de procédure civile).

Si à l'occasion de difficultés survenues dans le cours du partage, telles que celle qui naîtrait par exemple de la formation des lots, il y a lieu de renvoyer les parties à l'audience, la procédure et les dépens de ces incidents se règlent comme en matière sommaire.

Si cependant la contestation n'avait pas le caractère d'incident, et qu'elle dut être considérée comme matière ordinaire, il y aurait lieu d'en taxer les actes suivant les règles établies pour les procédures en matière ordinaire. (par argument de l'art. 17 de l'ordonnance du 10 octobre 1841.)

⋙━━◆━━⋘

CHAPITRE LI.

Correspondant au titre 8 du livre II.

2ᵉ partie.

—

DU BÉNÉFICE D'INVENTAIRE.

DÉTAILS.	ARTICLES DU TARIF.	DÉSIGNATION DES ACTES.	Déboursés.	Émoluments.	OBSERVATIONS.
Papier 0.35 Enregistrement 3.30 3.65	77	660. Requête à fin d'être autorisé à faire procéder à la vente d'effets mobiliers, sans attribution de qualité. (986 c. p.)	3.65	2.25	
	91	661. Vacation de l'avoué à l'acceptation sous bénéfice d'inventaire. (793 et 794 c. c.)		2.25	
Papier 0.35 Emolument 5.50	78	662. Requête au tribunal, à l'effet d'être autorisé à vendre les immeubles. (987 c. p.)	».35	5.50	
		663. Coût du jugement.			

En cas d'expertise il faut se conformer à ce qui est prescrit au titre des rapports d'experts, chapitre IX suprà pour le règlement des frais.

DÉTAILS.	ARTICLES DU TARIF.	DÉSIGNATION DES ACTES.	Déboursés.	Émoluments.	OBSERVATIONS.
Papier 0.35 Emolument 5.50	78	664. Requête au tribunal pour demander l'entérinement du rapport d'expert.	».35	5.50	En conformité de l'art. 9 de l'ord. du 10 octobre 1841.
		665. Coût du jugement.			

DÉTAILS.	ARTICLES DU TARIF.	DÉSIGNATION DES ACTES.	Déboursés	Émoluments	OBSERVATIONS.
		Le surplus de la procédure donne lieu aux mêmes actes et aux mêmes droits que dans le cas de la vente des biens immeubles. (vide suprà chapitre XLIX.			
Papier 0.35 Emolument 2.25	77	666. Requête pour faire nommer, s'il y a lieu, un curateur au bénéfice d'inventaire. (996 c. p.)	».35	2.25	
		667. Coût du jugement.			

CHAPITRE LII.

*Correspondant au titre 9 du livre II,
2ᵉ partie.*

—

RENONCIATION A COMMUNAUTÉ OU A
SUCCESSION.

—

DÉTAILS.	ARTICLES DU TARIF.	DÉSIGNATION DES ACTES.	Déboursés	Émoluments	OBSERVATIONS.
	91	668. Vacation de l'avoué pour assister la femme qui renonce à la communauté, ou l'héritier qui renonce à une succession. (997 c. p.)		2.25	
Papier Emolument 5.50		669. Requête à fin d'obtenir l'autorisation de vendre des immeubles dotaux, dans les cas prévus par l'art. 1558 du code civil. (997 c. p.)		5.50	Par analogie aux art. 78 du tarif de 1807 et 9 de l'ordonnance du 10 octobre 1842.
		670. Coût du jugement.			

CHAPITRE LIII.

*Correspondant au titre 10 du livre II,
2ᵉ partie.*

—

DU CURATEUR A UNE SUCCESSION
VACANTE.

—

DÉTAILS.	ARTICLES DU TARIF.	DÉSIGNATION DES ACTES.	Déboursés	Émoluments	OBSERVATIONS.
Papier 0.35 Emolument 2.25	77	671. Requête au tribunal à l'effet de faire nommer un curateur à une succession vacante. (812 c. c. et 998 c. p.)	».35	2.25	
		672. Coût du jugement.			
		La vente des immeubles a lieu suivant les formes prescrites au titre des héritiers bénéficiaires, qui se reportent à celles du titre des ventes d'immeubles. (Vide suprà nᵒˢ 607 et suivants).			

DÉTAILS.		ARTICLES DU TARIF.	DÉSIGNATION DES ACTES.	Déboursés.	Émoluments	OBSERVATIONS.
			CHAPITRE LIV.			
			Correspondant au livre III , 2ᵉ partie.			
			DES ARBITRAGES.			
			673. Papier et enregistrement du compromis. (1005 et 1006 c. p.)			
			Devant les arbitres , on observe la procédure , les délais et les formes établis pour les tribunaux, à moins que les parties n'en soient autrement convenues. (1009 c. p)			
Original	1.50	29	674. Sommation a comparaître devant les arbitres.			
Copie	0.38					
Papier						
Enregistrement	2.20					
Papier	0.35	77	675. Requête au président a l'effet de faire nommer un tiers arbitre. (1017 c. p.)	3.65	2.25	
Enregistrement	3.30					
	3.65					
Emolument	2.25					
Original	1.50	29	676. Sommation aux arbitres de se réunir au tiers arbitre pour vider le partage. (1018 c. p.)			
Copie le quart						
Enregistrement						
Papier						
		91	677. Vacation pour demander l'ordonnance d'*exequatur*, (1020 c. p.)		2.25	
			678. Expédition de la sentence arbitrale.			
			En cas de demande en nullité de la décision arbitrale, (art. 1028 c. c.), la procédure est suivie comme en matière ordinaire ou sommaire, suivant l'espèce.			
			APPENDICE			
			AU CHAPITRE XL,			
		*	*Correspondant au titre 8 du livre Iᵉʳ, 2ᵉ partie.*			
			DE L'ENVOI EN POSSESSION D'UN LEGS UNIVERSEL.			
Papier et enregistr.	5.50	78	679. Requête pour demander l'envoi en possession d'un legs universel. (1008 c.c.)		5.50	
Emolument						

MANIÈRE
DE CALCULER LES ROLES
Pour les Copies de pièces.

Pour les Huissiers.

Les copies de pièces et d'actes qui doivent être signifiées avec l'exploit d'ajournement, se payent aux huissiers à raison de 20 cent. le rôle.

Chaque rôle doit contenir 20 lignes à la page, et dix syllabes à la ligne. (Art. 28 du tarif.)

Cette règle est la même que celle tracée pour les expéditions des greffes. (Art. 6 de la loi du 21 ventôse an VII.)

Chaque rôle de minute doit donc contenir 400 syllabes; ainsi pour fixer le nombre de rôles contenus dans une pièce signifiée, il faut prendre la moyenne du nombre des syllabes dans les lignes, la multiplier par le nombre de lignes, puis le produit divisé par 400 indiquera le nombre des rôles.

Les expéditions des actes notariés doivent contenir 25 lignes à la page et 15 syllabes à la ligne (art. 174 du tarif.) ce qui donne 750 syllabes par rôle.

Chaque rôle de notaire donne donc à l'huissier deux rôles moins un seizième. Le rôle du notaire étant à celui de l'huissier comme 75 est à 40, il suffit de multiplier le nombre des rôles d'un acte notarié par 75 et de diviser le produit par 40 pour connaitre le nombre des rôles dûs à l'huissier.

Pour les Avoués.

Les copies de pièces données par les avoués se payent à raison de 25 cent. le rôle. (Art. 72 et 89 du tarif.)

Les copies des expéditions de jugement sont payées suivant le nombre des rôles de l'expédition. (Art. 89 du tarif.)

Pour les copies de toutes les autres pièces, chaque rôle doit contenir 25 lignes à la page et 12 syllabes à la ligne. (Art. 72 du tarif.)

Dans ce cas chaque rôle de minute doit donc contenir 600 syllabes; c'est une moitié de plus que pour les huissiers.

Pour fixer le nombre de rôles contenus dans une pièce signifiée, il faut prendre la moyenne du nombre des syllabes dans les lignes, la multiplier par le nombre des lignes, puis le produit divisé par 600, indiquera le nombre des rôles.

Les expéditions des actes notariés devant contenir 25 lignes à la page et 15 syllabes à la ligne, (art. 174 du tarif.) c'est-à-dire, 750 syllabes par rôle; il en résulte que pour fixer le nombre de rôles dûs à l'avoué, pour une copie d'acte notarié, il suffit de multiplier le nombre des rôles de l'acte notarié par 75 et d'en diviser le produit par 60; ou d'ajouter le quart au nombre des rôles de l'expédition du notaire.

Les rôles de greffe contenant 400 syllabes, ceux des avoués en contenant 600, il en résulte que trois rôles de greffe ne font que deux rôles d'avoué; pour calculer, dans ce cas l'émolument de l'avoué à raison de la copie d'un acte émanant du greffe, qui n'est pas un jugement, il faut réduire le nombre des rôles d'un tiers et en allouer l'émolument sur le pied de 25 cent. le rôle.

TAXE DES FRAIS
EN POLICE CORRECTIONNELLE.

§ Ier.

Frais en 1re instance.

Devant le tribunal de police correctionnelle, la partie qui aura obtenu l'adjudication des dépens à son profit, pourra comprendre des droits pour sa défense, dans les frais qu'elle réclamera à la partie qui aura succombé.

Ces droits, dans tous les cas, qu'un avocat, qu'un avoué ou même que tous les deux aient été employés, seront les mêmes que ceux passés à l'avoué en matière sommaire, devant le tribunal civil; c'est-à-dire, qu'ils seront réglés conformément aux prescriptions de l'art. 67 du tarif du 16 février 1807.

Ainsi quand le jugement sera par défaut on se conformera au n° 12 des tableaux.

Et s'il est contradictoire, au n° 18.

Quant à la partie qui se sera fait assister d'un avoué, elle devra tenir compte à celui-ci de droits qui seront fixés d'après les mêmes dispositions, et indépendamment des honoraires dont elle pourrait avoir à faire état à l'avocat.

§ II.

Frais en appel.

Conformément à l'art. 147 du tarif du 16 février 1807, les droits passés en taxe, pour la partie qui obtiendra l'adjudication des dépens, seront du double de ceux alloués en 1re instance, et seront réglés d'après les mêmes principes que ceux qui viennent d'être indiqués.

OBSERVATION
Sur la Taxe des Notaires.

La taxe des honoraires d'un notaire faite par le président, n'a pas le caractère d'un jugement; c'est devant le tribunal que doivent être portées les réclamations qui y sont faites, conformément à l'art. 51 de la loi du 25 ventôse an XI auquel n'a pas dérogé l'art. 173 du tarif. (Arr. cass. du 21 avril 1845, voy. Dalloz, 45, 1, 235, 7 janvier 1846, 46, 1, 14, 15 mars 1847, 47, 1, 152.)

TABLE DES CHAPITRES.

Chapitres.	Pages.	Numéros.	
I. Matières sommaires	1	1 à	31
II. Matières ordinaires	3	32	76
III. Délibéré	6	77	85
Instruction par écrit.	7	86	107
IV. Exceptions.	9	108	127
V. Vérification d'écritures	11	128	146
VI. Faux incident civil	13	147	173
VII. Enquêtes.	16	174	184
VIII. Descentes sur les lieux.	18	185	189
IX. Rapport d'experts	19	190	203
X. Interrogatoire sur faits et articles	21	204	210
XI. Incidents , (demandes incidentes et intervention).	22	211	212
XII. Reprises d'instances et constitution de nouvel avoué	23	213	217
XIII. Désaveu	24	218	226
XIV. Réglement de juges.	25	227	229
XV. Renvoi à un autre tribunal pour parenté ou alliance.	25	230	236
XVI. Récusation.	26	237	242
XVII. Péremption	27	243	»
XVIII. Désistement	27	244	249
XIX. Tierce-opposition.	28	250	251
XX. Requête civile.	28	252	261
XXI. Réception de caution	29	262	270
XXII. Liquidation des dommages-intérêts	30	271	276
XXIII. Liquidation des fruits et reddition de compte	31	277	290
XXIV. Liquidation des dépens en matière ordinaire.	32	291	295
XXV. Saisies-arrêts ou oppositions	33	296	307
XXVI. Saisie-exécution	35	308	349
XXVII. Saisie-brandon	39	350	354
XXVIII. Saisie, des rentes constitués sur particuliers.	40	355	365
XXIX. Distribution par contribution	42	366	380
XXX. Saisie immobilière	44	381	427
XXXI. Incidents sur la poursuite de saisie immobilière.	47	428	»
Demande à fin de distraction	48	429	431
Folle-enchère.	48	432	433
Demande en conversion.	49	434	436
XXXII. Ordre.	49	437	453
Demande en subrogation de la poursuite d'ordre	51	454	459
XXXIII. Emprisonnement.	52	460	474
XXXIV. Référés.	63	475	479
Chapitres.	Pages.	Numéros.	
XXXV. Offres de paiement et consignation	54	480 à	485
XXXVI. Saisie-gagerie et saisie-arrêt sur débiteurs forains.	55	486	488
XXXVII. Saisie-revendication	55	489	492
XXXVIII. Surenchère sur aliénation volontaire.	56	»	»
Frais de transcription et notification	56	493	495
Frais de purge d'hypothèque légale.	56	496	506
Surenchère sur aliénation volontaire.	57	507	511
XXXIX. Voies à prendre pour avoir expédition ou copie d'un acte, ou pour le faire réformer.	58	512	515
Compulsoire	58	516	520
Voies à prendre pour la réformation d'un acte de l'état civil.	59	521	525
XL. Envoi en possession des biens d'un absent	60	526	532
Envoi en possession de succession irrégulière	60	533	539
Envoi en possession d'un legs universel	76	679	»
XLI. Autorisation de la femme mariée	61	540	545
XLII. Séparation de biens	61	546	561
XLIII. Séparations de corps	63	562	565
XLIV. Avis de parents.	64	566	573
XLV. Interdiction.	65	574	591
XLVI. Bénéfice de cession.	66	592	600
XLVII. Apposition et levée des scellés après décès.	67	601	605
XLVIII. Vente du mobilier.	68	606	»
XLIX. Vente de biens immeubles	69	607	637
L. Partages et licitations.	71	638	659
Licitation.	72	643	652
Partage	73	653	659
LI. Bénéfice d'inventaire	74	660	667
LII. Renonciation à communauté et à succession	75	668	670
LIII. Curateur à succession vacante	75	671	672
LIV. Arbitrage.	76	673	678
Manière de calculer les rôles.	77	»	»
Taxe des frais en police correctionnelle	78		
Observation sur la taxe des notaires	78		

TABLE ALPHABETIQUE
Des Matières.

A.

	Pages.	Numéros.
Absent (envoi en possession des biens d'un).	60	526 et suiv.
Acte de l'état civil (voies à prendre pour la réformation d'un)	45	521 et suiv.
Acte de voyage	6	70, 71, 72.
Appel de police correctionnelle , voy. *frais en appel de police correctionnel.*		
Apposition et levée des scellés après décès	67	601 et suiv.
Arbitrages	76	673 et suiv.
Autorisation de la femme mariée	61	540 et suiv.
Avis de parents	64	566 et suiv.
Avoués (manière de calculer les rôles pour les).	77	

B.

	Pages.	Numéros.
Bénéfice d'inventaire.	74	660 et suiv.

C.

	Pages.	Numéros.
Caution, voy. *réception de caution. Caution à fournir par l'étranger.*		
Caution à fournir par le plaideur étranger	9	108, 109.
Certificat du greffier contenant la date de la signification du jugement qui prononce une main-levée, une radiation, un paiement ou autre chose à faire par un tiers	6	73, 74, 75.
Cession de biens	66	592 et suiv.
Communauté, voy. *renonciation.*		
Communication de titres et pièces	10	121 et suiv.

Pages.   Numéros.

Compte (reddition de)   31   277 et suiv.
Compulsoire   63   516 et suiv.
Consignation, voy. *offres de payement et consignation.*
Constitution de nouvel avoué   23   213 et suiv.
Consultation, voy. *droit de consultation.*
Contribution, voy. *distribution par contribution.*
Conversion de saisie-immobilière en vente volontaire   49   434 et suiv.
Correspondance, voy. *port de pièces.*
Curateur à succession vacante   75   671 et suiv.

D.

Déclinatoire (requête pour soutenir un)   10   110, 111.
Défenses et conclusions, voy. *grosse de requête.*
Délai pour délibérer et faire inventaire (requête pour demander)   10   114, 115.
Délibérés   6   77 et suiv.
Demandes incidentes   22   211 et suiv.
Dépens en matière ordinaire (liquidation des)   32   291 et suiv.
Désaveu   24   318 et suiv.
Descentes sur les lieux   18   185 et suiv.
Désistement   27   244 et suiv.
Distraction (demande à fin de)   48   429 et suiv.
Distribution par contribution   42   366 et suiv.
Dommages-intérêts (liquidation des)   30   272 et suiv.
Droit de consultation dû aux avoués   3   33

E.

Emprisonnement   52   460 et suiv.
Enquêtes   16   174 et suiv.
Envoi en possession des biens d'un absent   60   526 et suiv.
Envoi en possession de succession irrégulière   60   533 et suiv.
Exceptions   9   108 et suiv.
Expertise, voy. *rapport d'experts.*
Exploit d'ajournement   1   3.

F.

Faux-incident civil   13   147 et suiv.
Folle-enchère   48   432 et suiv.
Frais devant le tribunal de police correctionnelle   78
Frais en appel de police correctionnelle   78
Fruits (de la liquidation des)   31   277 et suiv.

G.

Garantie (actes sur la demande en)   10   116, 120.
Grosse de requête servant de défenses et de réponse aux défenses   5   53, 54.
  18   184.
  19   189.
  21   203.
  22   209.

H.

Huissiers, (manière de calculer les rôles pour les)   77

I.

Incidents   12   211 et suiv.
Incidents sur la poursuite de saisie immobilière   47   428 et suiv.
Instruction par écrit   7   86 et suiv.
Interdiction   65   574 et suiv.
Interrogatoire sur faits et articles   21   204 et suiv.
Intervention   23   12

L.

Legs universel (envoi en possession d'un)   76   679.
Levée des scellés, v. *apposition de scellés.*
Licitation   72   643 et suiv.
Liquidation des fruits et des redditions de compte   31   277 et suiv.

M.

Pages.   Numéros.

Matières ordinaires   3   32 et suiv.
Matières sommaires   1   1 et suiv.

N.

Notaires (observation sur la taxe des)   78
Notification d'actes translatifs de propriété   56   493 et suiv.
Nullité (requête en)   10   112, 113.

O.

Offres de paiement et consignation   54   480 et suiv.
Ordre   49   437 et suiv.

P.

Partage   73   653 et suiv.
Partages et licitations   71   638 et suiv.
Péremption   27   243.
Police correctionnelle, voy. *frais devant le tribunal de police correctionnelle.*
Port de pièces et de correspondance (frais de)   5   69.
Purge d'hypothèque légale   56   496 et suiv.

Q.

Qualités d'un jug^t en matière sommaire   2   19.
—   —   matière ordinaire   4   48.
  5   61, 62.

R.

Rapport d'experts   19   190 et suiv.
Réception de caution   29   262 et suiv.
Récusation   26   237 et suiv.
Référés   53   475 et suiv.
Règlement de juges   25   227 et suiv.
Renonciation à communauté ou à succession   75   668 et suiv.
Renvoi à un autre tribunal pour parenté ou alliance   25   230 et suiv.
Reprise d'instance et constitution de nouvel avoué   23   213 et suiv.
Requête civile   28   252 et suiv.
Requête d'opposition au jugement par défaut   4   51, 52.
Rôles, voy. aux mots *avoués* et *huissiers.*

S.

Saisie-arrêt ou opposition   33   296 et suiv.
Saisie-arrêt sur débiteurs forains   55   487 et suiv.
Saisie-Brandon   39   350 et suiv.
Saisie des rentes constituées sur particuliers   40   355 et suiv.
Saisie-exécution   35   308 et suiv.
Saisie-gagerie   55   486 et suiv.
Saisie-immobilière   44   381 et suiv.
Saisie-revendication   55   489 et suiv.
Scellés, voy. *apposition des scellés.*
Séparation de biens   61   546 et suiv.
Séparation de corps   63   562 et suiv.
Subrogation à la poursuite d'ordre   51   454 et suiv.
Succession, voy. *renonciation.*
Surenchère sur aliénation volontaire   56   493 et suiv.
  57   507 et suiv.
Surenchère sur saisie-immobilière   47   423 et suiv.

T.

Tierce-opposition   28   250 et suiv.
Transport des huissiers de justice de paix   1   1.
— des huissiers près les tribunaux de 1re instance   1   3.

V.

Vente des biens immeubles   69   607 et suiv.
Vente du mobilier   68   606.
Vérification d'écritures   11   128 et suiv.
Voies à prendre pour faire réformer un acte de l'état civil   59   521 et suiv.
Voies à prendre pour avoir expédition ou copie d'un acte   58   512 et suiv.